A virtude da raiva

ARUN GANDHI

A virtude da raiva

SEXTANTE

Título original: *The Gift of Anger*

tradução: Débora Chaves
preparo de originais: Rafaella Lemos
revisão: Luis Américo Costa e Tereza da Rocha
diagramação: Valéria Teixeira
adaptação de capa: Ana Paula Daudt Brandão
imagem de capa: arquivo pessoal de Arun Gandhi
impressão e acabamento: Bartira Gráfica

CIP-BRASIL. CATALOGAÇÃO-NA-FONTE
SINDICATO NACIONAL DOS EDITORES DE LIVROS, RJ

G186v Gandhi, Arun

A virtude da raiva/ Arun Gandhi; tradução de Débora Chaves; Rio de Janeiro: Sextante, 2018.
176p.; 14 x 21cm.

Tradução de: The Gift of Anger
ISBN 978-85-431-0537-6

1. Gandhi, Mahatma, 1869-1948. 2. Não violência. 3. Conduta. 4. Pacifismo. I. Chaves, Débora. II. Título.

CDD: 170.44
17-46247 CDU: 179.9

Rua Voluntários da Pátria, 45 – 14º andar – Botafogo
22270-000 – Rio de Janeiro – RJ
Tel.: (21) 2538-4100
E-mail: atendimento@sextante.com.br
www.sextante.com.br

Dedico este livro aos meus quatro bisnetos,
Elizabeth (Ellie), Michael (Micah),
Jonathan (Jonu) e Maya, e a todas as crianças
recém-nascidas e ainda não nascidas, que devem
se tornar a mudança para este
mundo se salvar do desastre.

• SUMÁRIO •

• PREFÁCIO •

As lições de meu avô

Estávamos indo visitar vovô. Para mim, ele não era o grande Mahatma Gandhi que o mundo reverenciava, mas apenas "Bapuji", o avô afetuoso de quem meus pais sempre falavam. Sair de nossa casa, na África do Sul, para ir visitá-lo na Índia era uma longa jornada. Tínhamos acabado de enfrentar uma viagem de 16 horas num trem lotado que partira de Mumbai, apertados numa cabine de terceira classe que fedia a cigarro, suor e fumaça do motor a vapor da locomotiva. Estávamos todos cansados quando o trem resfolegou na estação de Wardha. Foi bom me livrar do pó de carvão, descer na plataforma e respirar ar fresco.

Ainda não eram nove horas e o sol da manhã já estava escaldante. O lugar não passava de uma plataforma com uma sala para o chefe de estação, mas meu pai encontrou um carregador vestido com uma camisa vermelha comprida e uma espécie de tanga para nos ajudar com a bagagem e nos levar até onde ficavam as charretes (conhecidas como *tongas* na Índia). Papai ergueu minha irmã Ela, de 6 anos, colocou-a na charrete e pediu que eu me sentasse ao lado dela. Ele e mamãe iriam caminhando atrás.

– Então vou andando também – falei.

– É muito longe, uns 13 quilômetros – explicou papai.

– Isso não é problema para mim – insisti.

Eu tinha 12 anos e queria mostrar que era durão.

Não demorou para eu me arrepender dessa decisão. O sol estava cada vez mais quente e a estrada só era pavimentada por 1,5 quilômetro. Logo eu estava cansado, molhado de suor, coberto de poeira e fuligem, mas sabia que não podia subir na charrete. Lá em casa, tínhamos uma regra: se você dissesse algo, tinha que cumprir. Não importava se o meu ego era mais forte do que as minhas pernas – eu tinha que continuar andando.

Finalmente nos aproximamos do ashram de Bapuji, que se chamava Sevagram.

Depois de viajar por tanto tempo, chegamos a um ponto remoto na área mais pobre do pobre interior da Índia. Eu tinha ouvido tanto sobre a beleza e o amor que vovô trouxera ao mundo que esperava encontrar uma profusão de flores e cascatas. Em vez disso o lugar era plano, árido, poeirento e sem atrativos, com alguns casebres de barro ao redor de um espaço aberto comum. Será que eu tinha vindo de tão longe para encontrar esse lugar inóspito e sem graça? Achei que haveria ao menos uma festa de boas-vindas para nos receber, mas ninguém parecia se importar com a nossa chegada.

– Onde está todo mundo? – perguntei a mamãe.

Fomos até um casebre simples, onde tomei banho e esfreguei o rosto. Eu já tinha encontrado Bapuji uma vez, quando tinha 5 anos, mas não me lembrava da visita. Confesso que estava um pouco nervoso com esse segundo encontro. Meus pais mandaram que nos comportássemos bem na hora de cumprimentar vovô porque ele era um homem importante. Até na África do Sul eu ouvia as pessoas falando dele com reverência, então imaginava que a mansão em que Bapuji morava, rodeado por criados, devia estar em algum lugar do ashram.

Em vez disso me surpreendi ao entrar em outro casebre simples e atravessar uma varanda de piso de barro para entrar num cômodo de não mais de 12 metros quadrados. Lá estava Bapuji, de cócoras num canto, sobre um fino colchão de algodão.

Depois eu descobriria que chefes de Estado o visitavam e se agachavam em colchonetes ao seu lado para conversar e se consultar com o grande Gandhi. Mas, naquele momento, Bapuji nos lançou seu lindo sorriso sem dentes e fez um gesto para que nos aproximássemos.

Seguindo o exemplo de nossos pais, eu e minha irmã nos curvamos aos seus pés, na reverência tradicional indiana. Ele não queria nada disso e rapidamente nos puxou para nos dar abraços carinhosos. Quando nos beijou nas duas bochechas, Ela deu um gritinho de surpresa e satisfação.

– Como foi a viagem? – perguntou Bapuji.

Eu estava tão deslumbrado que gaguejei:

– Bapuji, eu vim andando da estação até aqui.

Ele riu e vi um brilho em seu olhar.

– É mesmo? Estou muito orgulhoso de você – disse ele, me dando mais beijos nas bochechas.

Senti na hora o seu amor incondicional, e, para mim, aquilo era toda a bênção de que eu precisava.

Mas muitas outras bênçãos ainda estavam por vir.

Meus pais e Ela ficaram apenas alguns dias no ashram antes de partirem para visitar os parentes da enorme família de minha mãe em outras partes da Índia. Mas eu fiquei morando e viajando com Bapuji durante os dois anos seguintes e, nesse período, deixei para trás a criança ingênua de 12 anos e me tornei um rapaz mais sensato de 14 anos. Nessa época, aprendi com ele lições que mudaram para sempre a direção da minha vida.

Bapuji tinha frequentemente uma roda de fiar por perto e eu gosto de pensar na vida dele como um fio dourado de histórias e lições que continuam a se entrelaçar ao longo das gerações, formando um tecido mais forte para a vida de todos nós. Hoje em dia muitas pessoas só conhecem meu avô pelos filmes ou lembram vagamente que ele começou o movimento da não violência que depois se disseminou pelos Estados Unidos e ajudou a promover os direitos civis. Para mim, ele foi o avô amoroso e acolhedor que buscou – e fez com que viesse à tona – o melhor em mim. Ele nos inspirou, a mim e muitas outras pessoas, a sermos melhores do que imaginávamos que poderíamos ser. Ele se preocupava com a justiça política não a partir de um ponto de vista teórico sofisticado, mas porque se emocionava com a luta de cada indivíduo, pois achava que cada um de nós merecia viver da melhor forma possível.

Agora, mais do que nunca, precisamos das lições de Bapuji. Meu avô ficaria triste com a intensidade da raiva no mundo de hoje. Mas não se desesperaria.

Toda a humanidade é uma só família.

"Toda a humanidade é uma só família", ele sempre me dizia. Ele enfrentou o ódio e muitos perigos em seu tempo, mas sua filosofia prática de não violência ajudou a libertar a Índia e serviu de modelo para o avanço dos direitos civis em todo o mundo.

Agora, mais uma vez, precisamos parar de brigar uns com os outros para efetivamente encarar os verdadeiros perigos que enfrentamos. Atentados e ataques a bomba se tornaram parte da realidade cotidiana em diversos países. Vemos policiais e manifestantes pacíficos serem mortos a sangue frio. Crianças são assassinadas nas escolas e nas ruas e as redes sociais se tornaram um fórum para o ódio e o preconceito. Os políticos incitam a violência e a raiva em vez de buscar o consenso.

O exemplo de não violência do meu avô nunca teve a ver com passividade ou fraqueza. Na realidade, ele considerava a não violência uma forma de nos tornarmos mais fortes em termos morais e éticos e mais capazes de avançar em direção a uma sociedade com mais harmonia. Quando estava promovendo as primeiras campanhas de não violência, ele pediu que o ajudassem a encontrar um nome para o novo movimento. Um de seus primos sugeriu a palavra sânscrita *sadagraha*, que significa "firmeza em uma boa causa". Bapuji gostou, mas decidiu modificá-la um pouco e transformá-la em *satyagraha*, ou "firmeza para a verdade". Posteriormente, o termo também passou a ser traduzido como "força da alma", o que nos lembra que a verdadeira força vem do cultivo dos valores corretos na busca da transformação social.

Nesse momento vejo que todos nós precisamos voltar ao *satyagraha*, à *força da alma*, de meu avô. Ele criou um movimento que levou a uma enorme reviravolta política e trouxe autonomia a centenas de milhares de indianos. Porém o mais importante é que Bapuji tentou mostrar que podemos alcançar nossos objetivos por meio do amor e da verdade e que os principais avanços acontecem quando abrimos mão da desconfiança e buscamos força na positividade e na coragem.

Meu avô não acreditava em rótulos e divisões entre as pessoas e, apesar de ser profundamente espiritual, se opunha à religião quando ela separava as pessoas ao invés de conectá-las. No ashram, acordávamos todos os dias às 4h30 para nos prepararmos para as orações das 5h. Bapuji tinha lido os textos de todas as religiões, e as preces universalistas que oferecia eram tiradas de todos eles. Ele acreditava que toda religião tem um pouco de verdade – e que os problemas surgem quando achamos que essa é a única verdade absoluta.

Bapuji se manifestou contra o domínio britânico, a favor da autodeterminação, e por isso esse homem que queria apenas espalhar amor e paz passou quase seis anos em prisões indianas. Suas ideias de paz e unidade eram tão ameaçadoras que tanto ele quanto sua esposa e Mahadev Desai, seu melhor amigo e confidente, foram presos. Desai sofreu um ataque cardíaco e morreu na prisão, em 1942. Kasturbai, a querida esposa de vovô, faleceu no dia 22 de fevereiro de 1944, com a cabeça pousada em seu colo. Três meses depois da morte dela, vovô saiu da prisão – o único sobrevivente. No ano seguinte, ele me acolheu e assumiu a missão de me ensinar a ter uma vida melhor.

Os anos em que morei com Bapuji foram uma época importante para nós dois. Eu estava com ele quando seu esforço pela independência da Índia rendeu frutos, porém a violência e a partição que a acompanharam não faziam parte de seu sonho. Ao mesmo tempo que ele promovia mudanças no cenário mundial, eu aprendia a mudar a mim mesmo, superando as minhas emoções em geral complicadas e descobrindo como alcançar meu potencial e ver o mundo através de novos olhos. Tive a oportunidade de testemunhar o desenrolar da história enquanto Bapuji me oferecia lições simples e práticas sobre como conquistar os meus objetivos pessoais. Foi um curso intensivo de sua filosofia: "Seja a mudança que você deseja ver no mundo."

Seja a mudança que você deseja ver no mundo.

Precisamos dessa mudança agora, pois estamos alcançando níveis intoleráveis de violência e ódio no mundo. As pessoas estão desesperadas por mudança, mas se sentem impotentes. Nossa situação de drástico desequilíbrio econômico significa que centenas de milhões de crianças em todo o mundo não têm o que comer, enquanto aqueles que vivem na abundância se sentem no direito de desperdiçar. Recentemente, quando fascistas desfiguraram uma estátua do meu avô na praça de uma cidadezinha no norte da Índia, eles prometeram: "Vocês vão testemunhar um rastro de terror." Precisamos transformar nossa própria vida se quisermos pôr fim a essa loucura.

Meu avô temia este exato momento em nossa história. Uma semana antes de ser assassinado, um repórter lhe perguntou: "O que o senhor acha que vai acontecer com a sua filosofia depois da sua morte?" Ele respondeu com grande tristeza: "As pessoas me seguirão em vida, me reverenciarão após a morte, mas não assumirão a minha causa." Precisamos tomar a causa dele como nossa. Sua sabedoria cotidiana pode nos ajudar a solucionar os problemas que enfrentamos ainda hoje. Nunca precisamos tanto de meu avô.

Bapuji usou verdades transcendentais e orientações práticas para mudar o rumo da história. Agora está na hora de fazermos o mesmo.

As lições que aprendi com ele transformaram a minha vida. Espero que ajudem você a encontrar mais paz e significado na sua.

•LIÇÃO UM•

Use a raiva para o bem

Meu avô surpreendeu o mundo ao responder à violência e ao ódio com amor e perdão. Ele nunca se tornou vítima do aspecto tóxico da raiva. Já eu não me saí tão bem. Como sou de origem indiana e cresci na África do Sul, um país marcado por tensões raciais, sempre fui atacado pelas crianças brancas por não ser branco o suficiente e pelas crianças negras por não ser negro o suficiente.

Lembro que estava indo comprar bala num sábado à tarde num bairro branco quando três adolescentes me agrediram. Um deles me deu um tapa no rosto e, quando caí, os outros dois começaram a me chutar e dar risada. Eles fugiram antes que alguém pudesse flagrá-los. Eu tinha 9 anos. No ano seguinte, durante o Festival Hindu das Luzes, minha família estava na cidade, se divertindo com amigos. No caminho para a casa de um deles, passei por um grupo de rapazes negros que conversavam numa esquina. Um deles se aproximou e me acertou um golpe forte nas costas com um pedaço de pau, sem qualquer motivo a não ser o fato de eu ser indiano. Fiquei fervendo de raiva, querendo revidar.

Comecei a levantar peso com o intuito de ficar forte o bastante para me vingar. Meus pais, que se consideravam embaixadores dos ensinamentos de não violência de Bapuji, se desesperavam ao me ver envolvido em tantas brigas. Eles tentaram me tornar menos agressivo, mas não puderam fazer muito em relação à minha fúria.

Eu não estava satisfeito em sentir raiva o tempo todo. Guardar rancor e fantasiar sobre vingança me deixavam mais fraco, não mais forte. Meus pais esperavam que um tempo no ashram com Bapuji me ajudasse a entender minha fúria interior e a aprender a lidar melhor com ela. Eu também torcia por isso.

Nos primeiros encontros com meu avô, fiquei surpreso ao ver que ele sempre parecia calmo e controlado, não importava o que qualquer um dissesse ou fizesse. Prometi a mim mesmo que seguiria seu exemplo e, por algum tempo, não me saí mal. Depois que meus pais e minha irmã partiram, conheci alguns meninos da minha idade que moravam numa cidadezinha próxima e começamos a brincar juntos. Eles tinham uma velha bola de tênis que usavam como bola de futebol e eu colocava algumas pedras para demarcar os gols.

Eu adorava jogar futebol. Os garotos zombaram do meu sotaque sul-africano desde o primeiro dia, mas eu tolerava as provocações, pois já tinha enfrentado coisas piores. Porém, no meio de um jogo disputado, um dos garotos me fez tropeçar de propósito quando eu tentava ganhar a bola. Caí no chão duro e poeirento, meu ego tão ferido quanto meu joelho – senti o familiar ímpeto da raiva, o coração batendo forte no peito e a mente querendo vingança. Peguei uma das pedras e me levantei, furioso, já erguendo o braço para atirá-la com a maior força possível no agressor.

Mas uma vozinha dentro da minha cabeça disse: "Não faça isso."

Joguei a pedra no chão e corri de volta para o ashram. Com lágrimas descendo pelo rosto, encontrei meu avô e lhe contei a história.

– Sinto raiva o tempo todo, Bapuji. Não sei o que fazer.

Eu o havia decepcionado. Achei que ele ficaria chateado comigo, porém ele afagou as minhas costas e disse:

– Pegue sua roda de fiar e vamos fiar um pouco de algodão.

Meu avô me ensinara a usar a roda de fiar assim que cheguei ao ashram. Eu fiava todos os dias durante uma hora pela manhã e uma hora à noite. Era muito relaxante. Bapuji gostava de fazer muitas coisas ao mesmo tempo – bem antes de isso virar moda.

– Enquanto estamos sentados, conversando, podemos usar as mãos para fiar – costumava dizer.

Então peguei a pequena roda e a preparei.

Bapuji sorriu e se preparou para fiar uma lição junto com o fio de algodão.

– Quero lhe contar uma história – disse ele enquanto eu me sentava ao seu lado. – Era uma vez um garoto da sua idade. Ele estava sempre zangado porque nada parecia acontecer do jeito que ele queria. Ele não conseguia reconhecer o valor do ponto de vista das outras pessoas, então, quando implicavam com ele, reagia com acessos de raiva.

Suspeitei que o garoto fosse eu, então continuei fiando e ouvindo com mais interesse ainda.

– Um dia ele se meteu numa briga feia e acidentalmente matou alguém – continuou ele. – Num momento impensado de cólera, destruiu a própria vida ao tirar a vida de outra pessoa.

– Prometo que vou ser melhor, Bapuji.

Eu não tinha a menor ideia de *como* melhorar, mas não queria que minha raiva acabasse matando alguém. Bapuji assentiu com a cabeça.

– Você tem muita raiva – observou. – Seus pais me contaram sobre todas as brigas em que você se envolveu em casa.

– Estou muito arrependido – falei, com medo de começar a chorar de novo.

Mas a moral da história de Bapuji não era a que eu esperava. Ele me lançou um olhar por cima da roda de fiar.

– Fico contente em ver que você é capaz de ficar abalado pela raiva. A raiva é uma coisa boa. Eu sinto raiva o tempo todo – confessou ele enquanto os dedos giravam a roda.

Eu não conseguia acreditar no que estava ouvindo.

– Nunca o vi zangado – retruquei.

– Porque aprendi a usar minha raiva para o bem – explicou ele. – A raiva, para as pessoas, é como o combustível para o automóvel. Ela nos dá energia para seguir em frente e chegar a um lugar melhor. Sem ela, não teríamos motivação para enfrentar os desafios. A raiva é uma energia que nos impele a definir o que é justo e o que não é.

Use a sua raiva para o bem. A raiva, para as pessoas, é como o combustível para o automóvel. Ela nos dá energia para seguir em frente e chegar a um lugar melhor. Sem ela, não teríamos motivação para enfrentar os desafios. A raiva é uma energia que nos impele a definir o que é justo e o que não é.

Meu avô contou que, quando era criança na África do Sul, também tinha sido vítima de violência e preconceito, e isso o deixava com raiva. Mas, no fim, ele aprendeu que não adiantava buscar vingança e começou a lutar contra o preconceito e a discriminação com compaixão, respondendo à raiva e ao ódio com bondade. Ele acreditava no poder da verdade e do amor. A vingança não fazia sentido para ele. Olho por olho, e o mundo inteiro ficará cego.

Fiquei surpreso ao descobrir que Bapuji não havia nascido calmo. Agora ele era reverenciado e chamado pelo título honorífico de *Mahatma*, mas antes era apenas uma criança rebelde. Quando tinha a minha idade, roubou dinheiro dos pais para comprar cigarros e se meteu em encrenca com outros garotos. Depois do casamento arranjado com minha avó – quando os dois tinham apenas 13 anos –, ele às vezes gritava com ela e, uma vez, depois de uma discussão, tentou colocá-la à força para fora de casa. Mas ele não gostava da pessoa que estava se tornando, então começou a se moldar como a pessoa calma e controlada que queria ser.

– Então eu posso aprender a fazer isso? – perguntei.

– Você está fazendo isso agora mesmo – respondeu ele com um sorriso.

Sentados com nossas rodas de fiar, tentei assimilar a ideia de que a raiva podia ser usada para o bem. Eu ainda poderia *sentir* raiva, mas seria capaz de aprender a canalizá-la para objetivos positivos – como as mudanças políticas na África do Sul e na Índia que vovô serenamente se esforçou para alcançar.

Bapuji explicou que as próprias rodas de fiar eram um exemplo de como a raiva podia criar uma mudança positiva. Durante séculos, a produção de tecido tinha sido uma atividade artesanal na Índia, mas agora as grandes indústrias têxteis na Grã-Bretanha estavam levando o algodão da Índia para processá-lo e vendê-lo de volta aos indianos por um alto preço. As pessoas estavam com raiva, pois não tinham condições de pagar pelos tecidos fabricados pelos ingleses e precisavam vestir trapos. Em vez de atacar a indústria britânica por empobrecer as pessoas, Bapuji começou a fiar para encorajar cada família a ter sua própria roda de fiar e ser autossuficiente. Isso teve um grande impacto em todo o país e na Inglaterra.

Bapuji percebeu que eu estava ouvindo com atenção, então criou outra analogia – ele adorava analogias! –, dessa vez entre a raiva e a eletricidade. – Quando canalizamos a eletricidade de maneira inteligente, podemos usá-la para melhorar a nossa vida, mas, se a utilizarmos de forma errada, podemos morrer. Do mesmo modo, devemos aprender a usar a raiva com sabedoria pelo bem da humanidade.

Quando canalizamos a eletricidade de maneira inteligente, podemos usá-la para melhorar a nossa vida, mas, se a utilizarmos de forma errada, podemos morrer. Do mesmo modo, devemos aprender a usar a raiva com sabedoria pelo bem da humanidade.

Eu não queria que minha raiva causasse um curto-circuito na minha vida ou na de outra pessoa. Mas como eu poderia transformá-la numa centelha para a mudança?

Bapuji era muito espiritual, mas também sabia ser prático. Ele me deu um caderno e um lápis e disse que eu deveria usá-los para manter um diário sobre a raiva.

– Toda vez que sentir muita raiva, pare e anote quem ou o que provocou esse sentimento e por que você reagiu com tanta raiva – instruiu. – O objetivo é chegar à raiz da raiva. Você só consegue encontrar a solução quando entende a origem.

O segredo, explicou Bapuji, era reconhecer o ponto de vista de todo mundo. O diário não servia apenas para desabafar e se sentir com a razão, como muitas pessoas fazem atualmente. (Depois, elas releem o que escreveram, ficam com raiva e justificadas, tudo outra vez!) Em vez disso um diário sobre a raiva deve ser uma forma de entender o que causou o conflito e como ele pode ser resolvido. Eu precisava me distanciar e ver o ponto de vista da outra pessoa. Não se tratava de uma receita para baixar a cabeça para o outro e ceder, mas de uma técnica para encontrar uma solução que não levasse a mais raiva e ressentimento.

Às vezes, achamos que queremos resolver os conflitos, mas nossos métodos apenas pioram as coisas. Sentimos raiva e nos tornamos ameaçadores, achando que devemos obrigar as pessoas a fazerem o que queremos. Porém ataques, críticas e ameaças de punição provocam resultados indesejados tanto em crianças quanto em adultos. Nossas reações de raiva só pioram os problemas. Nós nos tornamos valentões e não percebemos que, no fundo, os valentões não têm força nenhuma. As pessoas que têm uma atitude mesquinha e briguenta no parquinho, na empresa ou em campanhas políticas em geral são as mais fracas e inseguras.

Bapuji me ensinou que ser capaz de entender o ponto de vista do outro e perdoá-lo é um sinal de verdadeira força.

Ele explicou que dedicamos muito tempo a desenvolver corpos fortes e saudáveis, mas não damos atenção suficiente à construção de uma mente forte e saudável. Se a mente não estiver sob nosso controle, ficamos zangados e perdemos a cabeça, chegando a dizer e fazer coisas de que depois nos arrependemos. Ao menos uma dezena de vezes por dia sentimos a raiva ou a frustração aumentando e temos que decidir como reagir. Um colega de trabalho diz alguma coisa e lhe damos uma resposta malcriada, ou recebemos um e-mail irritante e, sem pensar duas vezes, respondemos no mesmo tom. Até permitimos que a raiva magoe as pessoas que mais amamos – nossos filhos e cônjuges. Se eles nos decepcionam ou dizem algo de que discordamos, reagimos com patadas.

As palavras podem causar mágoas irreparáveis às pessoas que mais devíamos tratar com gentileza e amor. O que não percebemos é que a raiva nos fere também. Pense em como você se sente mal quando está insultando alguém ou agindo de maneira cruel com outra pessoa. Seu corpo fica tenso e parece que sua mente está pegando fogo. Você fica de tal forma consumido pelo descontrole que não consegue pensar em mais nada. A raiva limita a sua visão e tudo que você consegue enxergar é a ofensa do momento. Pode ser que depois você se acalme e volte para pedir desculpas, mas o estrago já está feito. Quando reagimos de maneira impensada e descontrolada, é como se tivéssemos disparado um tiro – não há como voltar atrás e colocar as balas de volta na arma. Precisamos lembrar que temos a opção de responder de maneira diferente.

Naquele dia com a roda de fiar, Bapuji falou sobre a necessidade de tratar a raiva como um aviso de que algo está errado. Escrever um diário era apenas o primeiro passo. Para garantir que reagiria adequadamente no futuro, eu tinha que assumir o controle sobre a minha mente. Vovô explicou que, em vez de dizer algo que não quer ou causar sofrimento emocional a outras pessoas, você pode tentar encontrar uma solução que deixe todo mundo feliz. Se a sua reação imediata não foi útil, que resposta pode fazer com que todos se entendam melhor?

– Preciso fortalecer a minha mente, Bapuji! Que tipo de exercício devo fazer? – perguntei.

Ele recomendou que eu começasse com algo bem simples. Era para eu me sentar num cômodo silencioso, sem qualquer distração (hoje em dia isso significa sem telefone celular!), e segurar diante dos olhos alguma coisa adorável, como uma flor ou uma fotografia bonita. Eu devia me concentrar completamente no objeto por mais ou menos um minuto e então fechar os olhos, observando por quanto tempo conseguiria manter a imagem na mente. No início, era provável que a imagem desaparecesse logo que eu fechasse os olhos. Mas, se praticasse com regularidade, conseguiria reter a imagem por cada vez mais tempo. Isso mostraria que eu estava afastando as distrações e ganhando controle sobre a minha mente.

Ele me disse que, quando eu crescesse, poderia passar para o segundo estágio do exercício. No mesmo cômodo silencioso, deveria fechar os olhos e me permitir ter consciência apenas da inspiração e da expiração, tentando me concentrar completamente na respiração e afastar os pensamentos externos. Esses exercícios proporcionam um controle maior das nossas reações, fazendo com que, num momento de crise, não tomemos nenhuma atitude sem pensar.

Comecei a fazer o exercício de Bapuji no dia seguinte – e ainda hoje o pratico diariamente. Essa ainda é a melhor maneira que conheço de controlar a mente. Demorei alguns meses para aprender a canalizar a raiva para ações inteligentes, mas acabei conseguindo. No entanto, esse gerenciamento da raiva é um exercício para a vida toda. Não basta fazê-lo por alguns meses. As circunstâncias da vida mudam – e os gatilhos que provocam a raiva mudam com elas. Portanto é importante se manter constantemente vigilante e preparado para lidar com qualquer situação inesperada.

Eu estava curioso para saber como meu avô aprendera a usar a raiva para o bem.

– Bapuji, posso fazer uma pergunta?

– É claro, Arun.

– Como você aprendeu que a raiva poderia ser tão útil e poderosa?

Ele parou de fiar e riu alto.

– Foi a sua avó que me ensinou essa lição.

– Sério? Como? O que aconteceu?

– Eu me casei muito jovem e não sabia me comportar com minha esposa. Depois da escola, eu ia à biblioteca procurar livros sobre relacionamentos matrimoniais. Um dia, tivemos uma discussão. Eu estava gritando, mas ela respondia de maneira calma e racional. Fiquei sem palavras. Após refletir sobre esse episódio, percebi como nos tornamos irracionais quando nos irritamos e como sua avó amenizou a situação de maneira brilhante. Se ela tivesse reagido com raiva, teríamos embarcado num duelo de gritos... E quem sabe onde iríamos parar? Quanto mais eu pensava naquilo, mais me convencia de que precisava aprender a usar a raiva com inteligência.

Minha avó morrera havia pouco tempo, na prisão. Ela fora presa junto com Bapuji por desobediência civil e eu sabia quanto ele sentia sua falta. Todos os meses ele realizava uma cerimônia em homenagem a ela. Sua história me fez entender a importância de reagir com calma quando a outra pessoa está zangada. É algo incomum também. Em geral, quando uma pessoa começa a gritar, a outra fica na defensiva e grita de volta, aumentando cada vez mais a intensidade da raiva. Mas, se você consegue tratar com delicadeza a pessoa que o magoou ou aborreceu, a situação muda radicalmente.

Na época, entendi essa lição na teoria, mas ela se tornaria real apenas alguns anos mais tarde, durante uma circunstância que deixou todas as minhas emoções à flor da pele. Aos 22 anos, já morando novamente na África do Sul, voltei à Índia para visitar parentes. Quando estava planejando voltar para casa para continuar a luta contra a discriminação e o apartheid, tive uma apendicite aguda e precisei passar por uma cirurgia de emergência. A enfermeira que me atendeu, Sunanda Ambegaonkar, era tão amável e bonita que, nos cinco dias que passei no hospital, conquistou completamente o meu coração. Nós dois éramos muito tímidos, então demorei muito tempo para convencê-la a ir ao cinema comigo. Nesse dia, cheguei ao local combinado às 15h. Fiquei esperando, esperando... Ela só chegou um pouco antes das 18h, já achando que eu não estaria mais lá. Alegou que uma emergência médica a atrasara, mas depois admitiu que tinha simplesmente ficado com medo.

Após esse começo complicado, nos apaixonamos e nos casamos. Sunanda precisava de visto para ir comigo para a África do Sul, mas não imaginei que teria problema com isso. Como eu era cidadão do país, devia ter o direito de levar minha esposa comigo quando voltasse. Mas o apartheid era rígido naquele tempo e ela não era bem-vinda. Por mais de um ano fizemos de tudo para convencer o governo a nos deixar entrar, mas não conseguimos. Ela não podia ir comigo. Eu tinha que escolher entre ficar na Índia com a minha mulher ou voltar para a África do Sul, onde moravam minha mãe viúva e minhas irmãs. Fiquei aborrecido e angustiado. Como um governo podia provocar tanto sofrimento desnecessário? A decisão partiu meu coração, mas por fim escolhi ficar com minha adorada nova esposa e morar na Índia.

Cerca de dez anos depois, um grande amigo veio à Índia me visitar. Quando entrei no navio para recebê-lo, um homem branco segurou a minha mão e disse que ficaria em Mumbai por uma semana e que estava ansioso para conhecer a cidade. Como eu era o primeiro indiano que ele tinha encontrado, será que poderia ajudá-lo? Ele se apresentou como Jackie Basson, um membro do Parlamento da África do Sul.

Senti a antiga fúria crescer dentro de mim. O governo dele tinha me insultado e se recusado a me deixar voltar. Eu não queria ajudá-lo – queria jogá-lo por cima da amurada e me vingar, isso sim. Mas àquela altura eu já tinha alguma prática nas lições de Bapuji sobre canalizar a raiva de forma inteligente, então engoli em seco e decidi não agir sem pensar. Apertei a mão dele e lhe expliquei educadamente que eu era uma vítima do apartheid, que fora forçado a ficar na Índia porque o governo dele não deixava minha querida esposa ir para a África do Sul comigo.

– Discordo do que o seu governo está fazendo – falei. – No entanto, você é um visitante nesta cidade e vou garantir que tenha uma estada agradável.

Primeiro instalei meu querido amigo; depois, eu e minha esposa levamos o Sr. e a Sra. Basson para passear em Mumbai, tratando-os com cordialidade e mostrando-lhes os pontos turísticos. Conversamos sobre o apartheid e sobre como ele havia separado nossa família. No último dia, durante a despedida, os dois começaram a chorar.

– Vocês abriram os nossos olhos para os males do preconceito – disse Basson, me abraçando. – O governo que eu apoio está errado. Nós voltaremos e lutaremos contra o apartheid.

Enquanto os observava embarcarem no navio, tive minhas dúvidas de que aqueles poucos dias juntos houvessem realmente mudado a opinião deles.

– Não sei se ele está sendo sincero – comentei com minha esposa.

– Vamos esperar e ver o que acontece.

Não precisei esperar muito. Assim que Basson chegou em casa, começou a se manifestar contra o apartheid. Sua oposição foi tão acirrada que o partido da situação o expulsou e ele perdeu a eleição seguinte. Mas ele se manteve inabalável e, sem dúvida, sua firmeza ajudou a convencer outras pessoas.

Sua incrível mudança confirmou a força da filosofia de Bapuji sobre usar a raiva de maneira inteligente. Se eu tivesse perdido a cabeça com Basson (ou o tivesse jogado para fora do navio), como quis fazer quando o encontrei, teria um momento fugaz de satisfação. Teria ridicularizado um integrante do governo – e ele bem que merecia! Mas o resultado final não teria sido nada satisfatório. Ele teria voltado para casa mais convencido do que nunca de que o racismo era a posição correta e de que devia se manter longe de negros e indianos.

Usar a raiva de maneira inteligente melhora a vida em termos pessoais e coletivos. Vovô descobriu isso cedo em sua experiência política. Em 1913, quando morava na África do Sul, ele queria lançar mais uma campanha contra o preconceito e a segregação. Tomando o cuidado de não usar uma linguagem agressiva nem acusadora, Bapuji amistosamente solicitou ao governo que estabelecesse um diálogo com ele. Como o governo não enviou resposta, ele tornou público o fato de que estava buscando uma solução pacífica e de que não tinha intenções agressivas. Por fim, conclamou as pessoas a se juntarem a ele nos protestos civis.

Por volta da mesma época, os trabalhadores da South African Railways, a empresa responsável pelas ferrovias sul-africanas, anunciaram uma greve por melhores condições de trabalho. Vovô percebeu que isso seria uma grande inconveniência porque dominaria a atenção de todos, então decidiu suspender sua campanha até o fim da greve.

– Você deveria se juntar a nós – sugeriu um dos líderes do movimento. – Vamos unir forças. A greve é uma campanha não violenta legítima e estamos lutando contra um inimigo comum.

– Não considero ninguém meu inimigo – respondeu vovô. – Todos são meus amigos. Quero educá-los e mudar o coração deles.

Os trabalhadores entraram em greve como planejado e saíram pelas ruas gritando palavras de ordem cheias de raiva. Eles estavam furiosos e frustrados e eram facilmente incitados à violência, o que serviu de justificativa para a polícia, que usou muito mais força do que o necessário para enfrentá-los e esmagou a greve. Depois de cerca de quatro dias os trabalhadores tiveram que voltar ao trabalho sem terem conquistado nada.

Logo depois desse episódio, Bapuji lançou sua campanha contra a discriminação. Ele estabeleceu um tom de protesto silencioso, sem raiva. Apesar das atrocidades cometidas pela polícia, nunca se referiu aos policiais ou ao governo como inimigos. Sua ideia era ganhar a simpatia de todos, inclusive da polícia, não ofendê-los ou constrangê-los. Quando os policiais chegaram para prendê-los, Bapuji e seus seguidores se entregaram sem alarde, entrando calmamente nas vans da polícia. Outros manifestantes assumiram o lugar deles e também foram presos. Isso se repetiu até que, duas semanas depois, as cadeias estavam tão lotadas que não podiam acomodar mais ninguém. Foi então que o primeiro-ministro, general Jan C. Smuts, convidou vovô para discutir um acordo. Quando se sentaram juntos, Smuts confessou que não sabia como lidar com vovô e seus seguidores:

– Vocês são sempre tão respeitosos, amáveis e atenciosos que é difícil reprimi-los com violência. Foi muito mais fácil atacar os grevistas cheios de raiva.

Manter a calma diante da raiva nem sempre é fácil, mas, quando você experimenta essa estratégia e vê os resultados, passa a acreditar nela. Você não precisa esperar por um grande acontecimento ou protesto para isso. Trata-se de um método que pode ser aplicado diariamente com as pessoas mais próximas. À medida que aumentamos nossa habilidade de canalizar a raiva, vamos vendo a mudança nas pessoas ao nosso redor. Ninguém quer ser maltratado. Todo mundo prefere ser compreendido e valorizado. É muito importante permitir que a raiva nos motive a corrigir as injustiças, mas apenas quando o verdadeiro objetivo é buscar uma solução, não simplesmente provar que estamos certos.

Naquele dia, sentados com nossas rodas de fiar no ashram, Bapuji me abraçou e torceu para que eu tivesse entendido a lição.

– Use a sua raiva com sabedoria – afirmou. – Permita que ela o ajude a encontrar soluções com amor e verdade.

Use a sua raiva com sabedoria. Permita que ela o ajude a encontrar soluções com amor e verdade.

Senti o amor de Bapuji profundamente e, a partir daquele momento, entendi que o amor e a bondade são mais fortes do que a raiva. Eu continuaria a enfrentar a injustiça e o preconceito durante toda a minha vida, mas nunca mais sentiria que precisava atirar uma pedra. Eu seria capaz de encontrar outras soluções.

•LIÇÃO DOIS•

Não tenha medo de expressar a sua opinião

Embora vovô esperasse que aqueles que se uniram a ele no ashram estivessem em busca de uma Verdade mais elevada, muitos eram apenas seus fãs. Ele tentava fazer com que todos pensássemos por nós mesmos. Acreditava que não devemos tentar agradar os outros à custa de nós mesmos e não se importava que seus seguidores o desafiassem.

– Um "não" dito com convicção profunda é melhor do que um "sim" dito apenas para agradar ou, pior, para evitar problemas – costumava dizer Bapuji.

Apesar disso, a maior parte das pessoas ainda tinha dificuldade em questioná-lo, pois ele era visto como um homem sábio e santo, e aqueles que iam para o ashram queriam aprender com ele.

Um "não" dito com convicção profunda é melhor do que um "sim" dito apenas para agradar ou, pior, para evitar problemas.

Foi minha irmã Ela, aos 6 anos, que precisou mostrar a todos que não só está tudo bem em defender o que você quer como isso é algo muito importante.

Quando chegamos a Sevagram, meus pais e Ela ficaram comigo durante uma semana. Ela e eu estávamos acostumados à vida na África do Sul. Morávamos no ashram Fênix, que Bapuji também havia fundado. Essa havia sido sua primeira experiência de vida comunitária. No início, apenas nossos parentes mais próximos e alguns primos moravam lá, mas logo vieram amigos e depois pessoas curiosas com a ideia de viver em cooperação uns com os outros e com a natureza.

A vida no ashram Fênix era muito simples, mas parecia quase opulenta se comparada à vida em Sevagram. Na África do Sul, tínhamos um mobiliário funcional e morávamos em casas de madeira e metal corrugado; em Sevagram, havia apenas casebres de barro e tínhamos que nos sentar no chão. Porém a maior diferença era a comida. Nos dois ashrams, havia plantações e comíamos o que colhíamos, mas no Fênix minha mãe cozinhava refeições com grande variedade e muitos temperos. Já a comida em Sevagram – para ser franco – era horrorosa. Todos os dias havia alguma versão de abóbora cozida sem sal. Toda refeição era tão sem graça e insossa quanto a anterior. Abóbora cozida no café da manhã, no almoço e no jantar. Minha irmã e eu reclamamos com nossos pais, mas eles nos mandaram ficar quietos, dizendo que éramos hóspedes e tínhamos que seguir o que Bapuji determinava. Tentamos conversar com as pessoas que trabalhavam na cozinha, mas elas responderam a mesma coisa: "Nós fazemos o que Gandhi quer." Todo mundo achava que o cardápio tinha sido definido por ele e que, portanto, devia haver alguma razão para isso. Não éramos os únicos que gostariam de comer um legume diferente de vez em quando, mas, por não querer parecer insolente, ninguém se sentia à vontade para questionar o que comíamos.

A pequena Ela não tinha constrangimentos desse tipo. Ao final de uma semana comendo abóbora, não aguentou mais. Com a justa irritação de uma criança de 6 anos, irrompeu no casebre de Bapuji.

– Você devia mudar o nome deste lugar para ashram *Kola*! – exclamou, usando a palavra indiana que significa *abóbora*.

Surpreso com seu desabafo, Bapuji levantou os olhos de seu trabalho por um instante e perguntou:

– O que você quer dizer com isso, minha criança?

– Desde que chegamos aqui não comemos nada além de abóbora, de manhã, de tarde e de noite. Não aguento mais!

– É mesmo? – Bapuji estava genuinamente perplexo. Mas, como tinha ótimo senso de humor, acrescentou: – Precisamos ver isso. Se o que você está dizendo é verdade, precisamos mesmo mudar o nome do ashram.

Bapuji comia o mínimo necessário e com frequência usava o jejum como forma de protesto não violento, mas não esperava que todos seguissem uma dieta tão restrita e rigorosa quanto a sua. Ele estava sempre muito ocupado e raramente participava das refeições comunitárias, então nem sabia o que comíamos.

Naquela noite, após as orações, quando geralmente fazia um sermão, Bapuji pediu ao administrador do ashram que lhe explicasse por que todos tinham que comer abóbora todo dia. Munna Lal, o administrador, garantiu que estava seguindo as instruções de vovô para comerem apenas o que plantavam na fazenda.

– Você está dizendo que nossa terra só consegue produzir abóbora? – perguntou Bapuji.

– Você disse que deveríamos comer com simplicidade, então achei que fosse isso o que queria.

– *Comer com simplicidade* não significa ter que comer a mesma coisa o tempo todo.

O administrador parecia desconcertado.

– É que plantamos um campo inteiro e a safra foi tão abundante que não sabemos o que fazer com tanta abóbora. É por isso que comemos sempre abóbora – confessou.

Bapuji disse então que haviam errado no planejamento.

– Deveríamos cultivar uma variedade de frutas, legumes e verduras, mas preparar refeições simples – explicou.

Porém, como nunca reprovava algo sem oferecer uma solução, sugeriu:

– Já que temos um excedente de abóboras, leve-as até a vila e troque por outros legumes e verduras.

Minha irmã salvou o dia – e não apenas porque a comida melhorou rapidamente. Bapuji usou o fato de ela tê-lo confrontado como uma lição de que nunca devemos deixar de falar abertamente sobre os problemas que enfrentamos. Como podemos mudar o mundo se temos medo de dizer o que está errado?

Depois que Ela e meus pais foram embora, logo me adaptei ao ritmo do ashram. Acordava todos os dias às 4h30 e me preparava para as orações das 5h. Bapuji conduzia as orações e depois falava a todos que estavam reunidos sobre as questões importantes do dia. Algumas vezes abordava apenas temas práticos do ashram e eu achava graça comigo mesmo, pensando em como o mundo ficaria surpreso em ouvir o grande Gandhi discutindo a melhor maneira de regar legumes e verduras. Ele nunca considerava qualquer assunto indigno da sua atenção.

Depois eu fazia exercícios durante uma hora, inclusive um pouco de yoga, e começava as tarefas diárias. Todos nós tínhamos que ajudar até mesmo nos serviços mais desagradáveis, como a limpeza dos banheiros. Em praticamente todos os lugares da Índia as tarefas domésticas eram feitas apenas pelas castas inferiores. Mas Bapuji acreditava que acabar com as distinções entre as pessoas ajudaria a eliminar o preconceito no mundo, então nos revezávamos nos piores serviços. Carregar baldes de dejetos para serem usados como adubo era o pior para mim. No início, eu franzia o nariz por causa do cheiro e torcia para ter algum tratamento especial por ser neto de Gandhi. Mas sem chance! Todos trabalhávamos juntos e depois de um tempo a tarefa já não parecia tão ruim assim. O ensinamento de Bapuji de que todo mundo é igual fazia você encarar o trabalho de um jeito diferente.

Depois das tarefas domésticas, chegava a hora do café da manhã

– finalmente! Em seguida eu saía com meu tutor para ter aulas ao ar livre, no sol quente. A temperatura às vezes ultrapassava os 46ºC, mas se proteger do sol não era uma opção, pois meu excêntrico tutor tinha feito o voto de nunca buscar abrigo – embora às vezes eu tivesse autorização para enrolar uma toalha de algodão na cabeça. Era comum as pessoas do ashram fazerem votos desse tipo como uma forma de demonstrar disciplina mental e capacidade de cumprir o que determinavam. Mas confesso que eu teria sido bem mais feliz naqueles dias quentes se o meu tutor fosse um pouco menos rígido com os próprios votos.

Fazer votos também era uma prática comum da tradição hindu. Certa vez, quando eu estava visitando minha avó materna, uma das minhas tias estabeleceu o voto de fazer apenas duas refeições por dia. Estávamos todos juntos num piquenique quando minha irmã e eu percebemos que ela não tinha almoçado, mas passara a tarde inteira mastigando pequenos doces. Perguntamos a ela por que estava fazendo aquilo.

– Já comi o café da manhã e agora estou esticando aquela refeição até a hora do jantar! – explicou.

Ao contrário da minha tia, meu tutor era mais rígido com seus votos e não trapaceava, então passávamos o dia inteiro ao ar livre, com apenas meia hora de intervalo para o almoço. Além de quente, o local era empoeirado e seco – e, quando vinham as chuvas, acabava se transformando num lamaçal. Depois vinha o extremo oposto, com a temperatura caindo para -1°C no inverno.

O voto de não se abrigar não era a única esquisitice do meu tutor. Uma vez ele teve uma discussão com outro residente do ashram e começou a gritar. Ao saber do bate-boca, Bapuji lhe disse que ele tinha falado coisas muito desagradáveis e precisava aprender a controlar a própria raiva.

– O que você acha que devo fazer? – perguntou o tutor.

– Você é um homem inteligente. Deixo a decisão por sua conta – respondeu Bapuji.

Meu tutor surpreendeu todo mundo, inclusive meu avô: ele arranjou um arame e costurou os lábios – literalmente! Escreveu um bilhete explicando que seus lábios permaneceriam costurados até ele ter certeza de que não perderia a cabeça outra vez. Levou um bom tempo até que se convencesse e durante meses se alimentou apenas de líquidos, que ingeria pelo canto da boca através de um funil. Quando o encontrei, as cicatrizes em seus lábios ainda eram recentes. Portanto, era bem pouco provável que ele fosse correr para debaixo de uma árvore por causa de um pouquinho de calor.

Bapuji ficava à vontade com a excentricidade e o ponto de vista de cada um, mas se exasperava com as pessoas que desistiam de pensar e paravam de ter opinião própria. Ele provavelmente não ficaria nada satisfeito ao descobrir que o hábito de ser "maria vai com as outras" só piorou em tempos de redes sociais que nos permitem "curtir" e "seguir" os outros sem muita reflexão. Uma celebridade qualquer descreve o próprio regime de emagrecimento e logo milhões de pessoas a estão imitando – mesmo que seja uma dieta tão sem sentido quanto a da abóbora. Um político faz declarações grosseiras ou preconceituosas e as pessoas não se opõem a ele porque apoiam o seu partido político. Líderes religiosos fazem pronunciamentos que negam os direitos das mulheres e ninguém diz nada, em nome da tradição.

Muitos políticos agora seguem pesquisas de opinião antes de assumir posição sobre questões polêmicas e se manifestam apenas quando o tema atende aos seus interesses. Eles raramente param para escutar o ponto de vista dos outros, pois acham que, se mudarem de opinião, serão atacados pela imprensa por "virar a casaca". Bapuji não ligava para política partidária nem tinha a necessidade de sempre estar certo. Ele me confessou que testava suas novas ideias todos os dias e sempre questionava as que lhe eram mais caras. Não se permitia ser condescendente, pois sabia que, quando você segue um ensinamento de maneira rígida e dogmática, acaba tornando-o um arremedo de seu significado inicial e minando seu verdadeiro propósito.

Acho que Bapuji teria muito a dizer às pessoas que não estão dispostas a pensar por si mesmas nem se manifestar contra as injustiças. Ela, aos 6 anos, já sabia fazer isso – e o restante de nós também deveria. Não podemos nos deixar levar pelos outros sem parar para decidir se o ponto de vista deles está de acordo com as nossas crenças. Se você aceita a definição de outra pessoa sobre o que é *certo* ou *bom* em vez de se esforçar para descobrir o que valoriza em si mesmo, está aceitando comer apenas abóbora cozida sem sal.

Você põe sua força à prova quando descobre o que considera mais importante e está disposto a defender o que pensa, mesmo que pareça que a manada está indo em outra direção.

Como um dos netos de Gandhi, tentei emular seu exemplo de não violência e compreensão ao longo de toda a vida. Por um tempo achei que precisava seguir exatamente o mesmo caminho que ele e nunca me desviar. Mas então lembrei quão orgulhoso ele ficou quando Ela se manifestou e percebi que ele gostaria que eu pensasse por mim mesmo. Ele acreditava numa filosofia viva que estava sendo sempre testada e aperfeiçoada. Não sou a mesma pessoa que Bapuji. Basta olhar para mim para saber.

– Você é grande e gordo, e seu avô era muito magro – diziam os outros adolescentes para me irritar quando voltei da Índia.

Adolescentes são sempre inseguros e ser comparado com o grande Gandhi às vezes parecia mais do que eu podia suportar.

– Como posso viver com esse legado? – perguntei a minha mãe certa vez.

– Se esse legado for um fardo, será um peso – respondeu ela, cheia de sabedoria. – Mas, se for um caminho para uma vida de propósito e verdade, será mais leve.

Depois disso, passei a ignorar os comentários negativos. Eu podia admirar meu avô, querer defender as mesmas causas em que ele acreditava e ainda assim continuar sendo eu mesmo. Ao contrário de Bapuji, não sou vegetariano. Até tentei por um tempo, mas decidi não fazer essa opção na vida. Algumas pessoas já me abordaram quando eu estava jantando em algum restaurante como se aquilo fosse um grande momento "Arrá, te peguei". Elas sabiam que eu queria difundir os ensinamentos do meu avô. Como eu podia estar comendo hambúrguer?! Eu tentava então explicar que Bapuji não acreditava em adotar dogmas e renunciar à própria identidade. O fundamental é refletir, questionar e ser parte do processo. Em vez de trair meu avô e suas grandes causas, eu na verdade estava colocando em prática a filosofia dele.

Aprendi com Bapuji que você não deve levar a vida de determinada maneira apenas para agradar os outros. Não é seguindo a manada que você vai criar mudanças e melhorar o mundo. Com frequência encontro pessoas que trabalham em grandes empresas e ficam todo dia no escritório até tarde da noite porque acham que é isso que se espera delas. Será que elas estão mesmo acrescentando alguma coisa ou haveria um jeito melhor de serem mais fiéis a si mesmas e à própria família e ainda assim realizarem bem suas funções no trabalho? Precisamos ter cuidado ao seguir um caminho que não nos traz felicidade só porque alguém disse que é o certo a fazer.

Muitos se deixam levar por objetivos materialistas só porque são essas as imagens reforçadas pela publicidade, pela televisão, pelo cinema e pelas redes sociais. De alguma forma, sabemos que uma casa maior ou um carro mais veloz não vão nos tornar mais felizes, mas temos dificuldade em recusar as expectativas comuns e dizer que queremos outra coisa.

Bapuji teve uma vida de absoluta simplicidade porque não achava que uma pessoa merecesse mais do que outra. Em sua juventude, no entanto, não aceitava isso. Quando trabalhou como advogado em Londres, tinha um terno caro feito sob medida em Bond Street, com um caimento perfeito. Chegou a ter aulas de dança e a comprar um violino para tentar se tornar um verdadeiro cavalheiro inglês.

Alguns anos mais tarde, depois de se mudar para a África do Sul, precisou pegar o trem noturno para Pretória por causa de um dos casos em que estava trabalhando. Entrou no vagão da primeira classe com o bilhete correto, mas um homem branco alto e grosseiro reclamou da sua presença ali.

– Saia daqui, cule – gritou o homem, usando um insulto racista da época.

– Tenho um bilhete válido de primeira classe – respondeu meu avô.

– Não me interessa o que você tem. Se não sair, vou chamar a polícia.

– Esse é um privilégio seu – retrucou meu avô, que se sentou calmamente, sem intenção de ir para o vagão de terceira classe reservado para não brancos.

O homem saiu do trem e voltou com um policial e um funcionário da viação férrea. Os três literalmente jogaram vovô para fora do trem. Com sorrisos maliciosos, eles jogaram suas malas depois e avisaram ao condutor que seguisse em frente.

Meu avô passou a noite sentado na plataforma gelada da estação, tremendo e pensando no que queria fazer.

"Sempre considerei um mistério a maneira como os homens podem se sentir honrados pela humilhação de seus semelhantes", escreveu mais tarde.

Sempre considerei um mistério a maneira como os homens podem se sentir honrados pela humilhação de seus semelhantes.

Aquela noite longa na plataforma pode ter sido o início de sua tomada de consciência sobre a necessidade de defender aquilo em que você acredita. Agir de acordo com as expectativas dos outros não o torna feliz ou pleno – nem faz do mundo um lugar melhor. Alguns dias após esse incidente, ele passou a se manifestar contra o preconceito racial de um jeito que inspirou as pessoas a reagirem, escrevendo sobre a situação dos indianos na África do Sul e condenando as políticas preconceituosas do Estado.

Alguns anos depois, voltando à África do Sul, meu avô já era conhecido por sua posição firme contra o apartheid. Ele chegou ao porto de navio, junto com duas embarcações lotadas de trabalhadores indianos. Como os brancos queriam impedir a entrada dos imigrantes e estavam furiosos com meu avô por seu apoio aos direitos de todas as pessoas, o governo sabia que haveria problemas e não deixou ninguém desembarcar por quase duas semanas. Quando meu avô finalmente saiu do navio, uma multidão o atacou, dando-lhe uma surra violenta que o deixou com a cabeça ensanguentada. Ele poderia ter sido assassinado, mas conseguiu abrir caminho e ir para a casa de um amigo, onde sua mulher e seus filhos (inclusive meu pai) o esperavam. Bapuji sabia que se manifestar contra as injustiças podia ser perigoso, mas, nesse momento, decidiu que aquilo nunca seria capaz de detê-lo. A dor do incidente importava menos do que o objetivo maior.

Uma reviravolta ainda marcou essa história, após a polícia prender alguns dos homens que comandaram o ataque a meu avô. Os agentes pediram que Bapuji prestasse queixa para que pudessem indiciá-los. Ele se recusou.

– Vou ter que liberá-los então – disse o chefe de polícia, surpreso.

– Tudo bem – respondeu meu avô.

Ele tinha decidido que, se ajudasse a colocá-los na cadeia, seria tão culpado de perpetuar o ódio quanto eles. Talvez descobrir que ele não acreditava em violência ou vingança os levasse a repensar as próprias ações. Às vezes você consegue se fazer ouvir melhor quando não grita.

Quando se mudou de volta para a Índia, Bapuji começou a usar uma tanga de algodão e um xale sobre os ombros em vez de calça e camisa. Na sua visão, ele não tinha o direito de possuir nada que o mais pobre dos indianos não possuísse. Ele não glorificava a pobreza nem era ingênuo em relação ao dinheiro. Na verdade, coletava o máximo que podia sempre que viajava, para distribuir a quem precisava, e distinguia muito bem as necessidades básicas, que fazem diferença na vida das pessoas, das extravagâncias, que não fazem.

Meus pais seguiam a filosofia de Bapuji e, quando eu era criança, me encorajavam a brincar com os filhos dos agricultores negros muito pobres que moravam perto do ashram Fênix. Era uma maneira de se manifestarem contra as distinções econômicas e isso me ajudou a colocar a riqueza em perspectiva. Essas crianças não tinham brinquedo nenhum, então procurávamos caixas de fósforos e botões e construíamos carros em miniatura com eles. Descendo até o riacho próximo, pegávamos um pouco de barro escuro e moldávamos bonecos. Nós nos divertíamos criando coisas e valorizávamos muito os brinquedos que fazíamos. Hoje, muitas crianças ganham novos brinquedos de plástico o tempo todo e se cansam deles depois de apenas um ou dois dias.

Meus pais acreditavam que as brincadeiras deviam ser construtivas, então, quando entrei na escola, eu ensinava aos meus amigos o ABC e a fazer contas. Assim que aprendi a ler, ensinei a eles também. Eu estava abrindo um novo mundo para eles, que todos os dias ficavam ansiosos, me esperando chegar da escola. Hoje as crianças reclamam que a escola é chata e monótona, mas, para aquelas crianças extremamente pobres que nunca sonharam ser estudantes, o aprendizado era um milagre.

As pessoas ficaram sabendo e logo pais africanos começaram a vir de toda parte pedindo que eu ensinasse a seus filhos. Alguns chegavam a caminhar 16 quilômetros com os filhos descalços para me encontrar. Tanta gente veio aprender a ler e a fazer operações matemáticas básicas que minha irmã começou a ajudar e logo meus pais se envolveram. Em pouco tempo tínhamos uma verdadeira escola para os pobres. Eu vi quão injusto era as pessoas quererem aprender e transformar a própria vida, mas não terem ninguém para ajudá-las. Minhas aulas à tarde se tornaram um protesto contra o sistema. Segui o preceito de Bapuji de ser a mudança que você quer ver no mundo. Você também pode se manifestar por meio de ações, não apenas por meio de palavras.

Seguindo o exemplo de Bapuji, meus pais fizeram voto de pobreza, então tínhamos apenas o necessário e não guardávamos dinheiro. No entanto, em comparação com os sul-africanos ao nosso redor, tínhamos uma vida muito confortável.

Minha mãe encontrou a própria maneira de se manifestar contra a desigualdade à nossa volta. As ações dela eram eloquentes. Tínhamos vacas que produziam mais leite do que conseguíamos consumir, então ela passou a vender o leite excedente para os pobres, cobrando um centavo por cerca de meio litro. Ela também cobrava um centavo pelo excedente dos legumes e verduras que cultivávamos na fazenda e pelas roupas que recolhia junto às amigas na cidade. Quando eu já tinha idade suficiente para entender que os preços que ela cobrava eram ridiculamente baixos, perguntei por que simplesmente não doava as coisas.

– Ao cobrar pouco, reconheço a dignidade deles e lhes dou a chance de ter orgulho pelo fato de estarem comprando alimentos e roupas para a família – explicou ela.

Minha mãe era movida pela compaixão, não por pena, e queria ajudar as pessoas a recuperarem a autoconfiança e o respeito próprio para que pudesse conquistar as coisas por si mesmas. Agir por compaixão é muito mais eficaz do que agir por pena e também nos permite construir relacionamentos entre diferentes tipos de pessoa. Mamãe defendia a dignidade dos pobres, assim como meu avô.

Meu avô fazia apenas uma ressalva sobre defender as próprias opiniões: não permitia que ninguém, nem ele mesmo, achasse que estava sempre certo ou isento de aprender com a perspectiva do outro. A vida no ashram era planejada para ajudar as pessoas a superar seus preconceitos e divisões e para cultivar a compreensão, a aceitação e a valorização das diferenças entre os seres humanos.

Bapuji acreditava que, para se manifestar com credibilidade contra a injustiça e a favor da esperança de transformar a sociedade, era preciso falar a partir da própria experiência e sentir a injustiça nos ossos.

Manifestar-se em defesa do que você acredita ser correto pode às vezes colocá-lo numa situação difícil. Já adulto, morando na Índia, comecei a estudar o preconceito porque estava interessado em saber como estabelecemos divisões tão tolas entre as pessoas. Um dia uma mulher do Mississippi que estava viajando pela Índia foi ao meu escritório em Mumbai e conversamos sobre a questão racial nos Estados Unidos. Achei que seria interessante escrever um estudo comparativo sobre a discriminação na África do Sul, na Índia e nos Estados Unidos. Quando morei na África do Sul, aprendi que, se você não fosse branco, era negro e, portanto, diferente. Minha nova amiga do Mississippi me contou que, naquela época, a divisão racial americana contrapunha os descendentes de negros escravizados e as pessoas de ascendência africana aos brancos americanos. Na Índia, não usávamos a cor da pele para determinar diferenças entre as pessoas, mas o sistema de castas ditava a qual classe você pertencia e dividia as pessoas em grupos, como brâmanes ou intocáveis.

A Universidade do Mississippi me ofereceu uma bolsa de estudos para fazer essa pesquisa multicultural sobre o preconceito, então minha esposa e eu nos mudamos para os Estados Unidos. As pessoas souberam que o neto de Gandhi estava lá e eu ficava honrado pela quantidade de pessoas que queriam saber mais sobre Bapuji. Pouco mais de um ano depois, em 1988, fui convidado a dar uma palestra na Universidade de Nova Orleans. A instituição divulgara o evento e havia cartazes por toda parte convidando as pessoas a irem ouvir a palestra de "Gandhi sobre o racismo". Por acaso, isso aconteceu no mesmo ano em que David Duke, um racista membro da Ku Klux Klan, foi candidato à Assembleia Legislativa da Louisiana.

Quando chegamos a Nova Orleans, quatro policiais entraram no avião e anunciaram:

– Sr. Gandhi, por favor se apresente.

Levantei-me, abalado. O que eu tinha feito? Os policiais não me disseram o que estava acontecendo, mas um deles explicou:

– Isso é para a sua segurança.

Com dois agentes na frente e dois atrás, fui escoltado para fora do avião e levado de carro até a universidade. Chegando lá, enfim me contaram que tinham recebido diversos telefonemas da KKK, inclusive com ameaças de me assassinar.

Decidimos que a palestra deveria se realizar. O público foi mantido a uma distância segurança – as primeiras filas do auditório foram deixadas vazias – e entrei por trás do palco no último momento. Depois fui levado de volta ao aeroporto e permaneci numa sala VIP, onde os mesmos quatro policiais ficaram de guarda. Por fim, fui escoltado até o avião, sendo o último a embarcar, e instalado num assento de primeira classe que a companhia aérea tinha reservado para mim. Os policiais me cumprimentaram rapidamente e foram embora.

Naquele dia aprendi que tomar uma posição pode causar confusão, medo e conflito muito antes de resultar na mudança que você deseja. Às vezes é mais fácil ficar de cabeça baixa e não fazer barulho – comer abóbora cozida mesmo e chegar à conclusão de que é mais seguro e menos complicado seguir a manada. Porém meu avô nunca faria isso. Ao longo dos anos, ele foi agredido, atacado e preso, além de ser vítima de oito atentados. Numa ocasião, o homem que tentava assassiná-lo foi capturado por voluntários, mas Bapuji se recusou a entregá-lo à polícia. Em vez disso preferiu conversar com ele e descobrir por que estava tão determinado a matá-lo. Depois de quase uma hora, Bapuji aceitou que o homem não estava disposto a raciocinar nem a mudar de opinião, então o deixou ir, dizendo:

– Boa sorte para você. Se o meu destino for morrer nas suas mãos, ninguém pode me salvar; mas, se não for meu destino, você não terá sucesso.

Bapuji estava disposto a enfrentar seus adversários e ir para a prisão pelo que acreditava. Ele tirava sua força pessoal de seu ímpeto por se manifestar contra um sistema que considerava errado; por isso usava métodos não violentos para mudá-lo.

Alguns podem achar que meu avô levou uma vida de grande privação. Afinal de contas, ele comia pouco, morava num casebre de barro e usava as roupas de uma pessoa pobre. Com toda a admiração e todo o renome que conquistara, podia muito bem viver numa mansão com criados, como imaginei ao chegar ao ashram de Sevagram pela primeira vez. Em vez disso ele descobriu o que era importante e levou uma vida de paixão e compaixão. Defendia os valores universais de bondade, amor e paz, e tomar uma posição sobre o que era certo e justo o tornava mais feliz do que desfrutar de banquetes num palácio.

Para alguns, David Duke também estava defendendo o que acreditava ao fazer comentários racistas inflamados. Para essas pessoas, ele tinha esse direito. A liberdade de expressão é protegida pela lei americana. Mas acredito que nos enganamos quando fingimos que todas as posições são igualmente válidas. Pessoas cheias de ódio, que querem causar discórdia, valentões que querem calar as opiniões alheias, trazem sofrimento e desespero para o mundo. Nosso objetivo devia ser resistir a esse ódio.

Meu avô era tímido quando jovem e, no início de seu ativismo, evitava fazer discursos. Dizia que sua timidez acabou lhe sendo útil, porque o obrigou a ter cuidado com o que falava.

– Um homem de poucas palavras raramente será descuidado em seu discurso, pois medirá cada uma delas – disse-me ele.

Um homem de poucas palavras raramente será descuidado em seu discurso, pois medirá cada uma delas.

Convido você a seguir o exemplo de meu avô e ser cuidadoso com o que fala. Pense se as suas palavras vão ajudar o mundo ou feri-lo. Quando descobrir as palavras que farão o bem, esteja pronto a enunciá-las em alto e bom som.

·LIÇÃO TRÊS·

Aprecie a solidão

Para onde quer que Bapuji viajasse, era cercado por uma multidão gritando e aclamando seu nome. Eu não tinha realmente noção de quão assustador isso podia ser até acompanhá-lo numa viagem num trem noturno para Mumbai. Eu estava animado por fazer parte da pequena comitiva e me sentia muito especial por estar lá. Ele insistiu em viajar na terceira classe, mas a empresa reservara um vagão extra para nós. Portanto, apesar de não termos almofadas e nos sentarmos nos mesmos bancos duros que a maioria dos viajantes, tínhamos um vagão só para nós.

Assim que paramos na primeira estação, olhei pela janela e vi centenas de pessoas na plataforma lotada gritando o nome dele e querendo tocá-lo. Quando um coro de vozes começou a entoar "Vida longa a Gandhi", senti uma onda de orgulho e experimentei um pouco de sua glória, que de certa forma refletia em mim. Bapuji se mantinha sempre humilde, mas eu ainda não tinha aprendido isso. Aquela gente toda admirava o meu avô e lá estava eu, sentado bem ao lado dele, no mesmo banco! A bajulação me deixou entusiasmado, mas, quando olhei para Bapuji, percebi que ele não ligava para esse tipo de reconhecimento. Em vez disso ele acenava e falava com as pessoas, estendendo um saco de tecido para fora da janela do trem para coletar dinheiro para os pobres. Todo mundo doava alguma coisa. Quando uma mulher disse

"Não tenho dinheiro para dar", ele apontou para uma pulseira de prata que ela estava usando e, com um sorriso caloroso, disse: "Isso aí serve." Sem hesitar, ela colocou a pulseira no saco.

Quando nos afastamos da estação, Bapuji suspirou e voltou ao seu trabalho. Na estação seguinte, uma multidão ainda maior estava reunida e a mesma cena se repetiu. Embora já fosse madrugada, havia uma multidão emocionada na estação seguinte e na próxima – e em cada estação de nossa rota. Os passageiros que tentavam embarcar e desembarcar tinham dificuldade em abrir caminho em meio ao empurra-empurra. Bapuji repetia o aceno e o discurso e coletava dinheiro em cada parada. Percebi depressa que, embora a bajulação fosse maravilhosa, era algo exaustivo. Não havia um instante de paz para ele ou para qualquer outra pessoa naquele trem.

À medida que seguia viagem com Bapuji, descobri que não importava a hora do dia ou da noite que ele aparecesse – sempre havia multidões de adoradores para vê-lo. Quando viajávamos de carro, as pessoas faziam fila na beira da estrada, quilômetro após quilômetro, acenando, chorando e gritando seu nome. As rotas não eram anunciadas com antecedência e não existiam redes sociais na época. Na verdade, a maior parte das pessoas morava em vilarejos sem telefone, então não consigo entender como elas sabiam que iríamos passar. Alguma força misteriosa sempre as atraía. Todas as vezes.

Por razões políticas, Bapuji valorizava o amor que dedicavam a ele. Sabia que centenas de milhares de pessoas, mesmo milhões, estavam prontas a seguir suas sugestões e fazer qualquer sacrifício que ele lhes pedisse. Porém logo vim a entender que toda essa bajulação tinha um preço. Fora do ashram, ele nunca conseguia encontrar paz e solidão. Sempre que visitava cidades na Índia, multidões se reuniam nas ruas, cantando seu nome e esperando horas para vê-lo por um instante que fosse. Depois que Bapuji aparecia e falava ou acenava, a multidão se dispersava, apenas para ser logo substituída por outra. Meu avô gostava de ir para a cama às 21h, porque se levantava às 3h da madrugada para meditar e começar seu dia às 5h, com a reunião de orações. Mas as pessoas ficavam na rua chamando seu nome até tarde da noite, então ele com frequência não conseguia repousar em paz. Essa insistência era de dar nos nervos, mas Bapuji nunca perdia a calma ou a cabeça.

Muita gente sonha ser famosa e imagina que celebridades como George Clooney e Angelina Jolie ficam secretamente satisfeitas por estarem constantemente sob o assédio de fãs e fotógrafos. As pessoas acham que será maravilhoso estar sob os holofotes e ter milhões de admiradores. Depois de viajar com Bapuji, me senti meio celebridade – e, sim, era divertido. Você se sente importante e receber amor e aclamação alimenta o seu ego. Mas também consigo entender por que tantos astros imploram por privacidade e se retiram para ilhas desertas, comunidades fechadas ou para trás das cercas vivas nas colinas de Hollywood. Apesar de ser bom para eles estar na boca do público, também precisam de um tempo sozinhos para estarem centrados.

A mídia agora cria celebridades sem uma boa razão para isso. Elas têm milhões de seguidores nas redes sociais e publicam fotos de si mesmas andando pomposas por um tapete vermelho com um vestido de gala cheio de lantejoulas, ou se pavoneando numa praia exótica com um biquíni minúsculo. De vez em quando aponto para a foto de alguém na capa de uma revista e pergunto: "O que essa pessoa fez?" E ninguém consegue me explicar. Atrair multidões e seguidores sempre foi um efeito colateral na vida de um ator, um político ou um humanitário. Eles têm um propósito central em suas vidas, e a reputação que os acompanha é apenas algo com que precisam aprender a lidar. Mas os que têm o mero intuito de conquistar a fama esperam que os outros possam preencher o vazio de sua vida ao adulá-los e alimentar seu ego. Em vez de conquistarem o sucesso por causa do talento, do trabalho duro ou de ideais importantes, são famosos por serem famosos. Ao contrário das verdadeiras celebridades, nunca buscam o isolamento porque não têm necessidade de recarregar as energias.

Bapuji não tinha uma equipe de assessores para cuidar dele e certamente não tinha cercas para escondê-lo. Então, depois de manter sua imagem pública forte, se retirava para Sevagram em busca de refúgio. Ele podia ter construído seu ashram em qualquer lugar, mas escolheu um local remoto no centro da Índia. Considerando a longa caminhada desde a estação de trem no dia em que cheguei, eu sabia quão difícil era ir até lá, e Bapuji não queria tornar as coisas mais fáceis. Ele chegou a pedir ao governo local que *não criasse* uma linha de ônibus entre Wardha (a cidade mais próxima) e o ashram. Queria que as pessoas fossem até lá somente se estivessem realmente decididas, não apenas para dar uma olhada no famoso Gandhi.

Não é necessário ser uma estrela de cinema ou um Mahatma para precisar de momentos de solidão – eles são cruciais para todos que têm algum senso de individualidade. Meu avô com frequência brincava que só conseguia encontrar momentos de silêncio em dois lugares: no ashram e na prisão. Para ele, preservar a solidão era uma forma de estimular a paz interior. No mundo agitado e quase sempre avassalador em que vivemos, é fundamental encontrar o próprio refúgio. Não precisa ser sofisticado. Uma hora no seu quarto sem distrações já será suficiente. Da mesma forma, bastaria algum tempo na cama anotando pensamentos no diário. Todos nós precisamos avaliar a própria vida, meditar e refletir se queremos crescer como indivíduos. Após um tempo de reflexão e introspecção, você conseguirá se conectar plenamente com as outras pessoas de forma mais completa e significativa.

Bapuji decidiu que a segunda-feira era um dia de silêncio no ashram para que ele pudesse colocar seus escritos em dia. Nos outros dias, ele não queria apenas uma atitude de silêncio passivo; acreditava na reflexão e na meditação ativa. Muitas vezes se voltava para a roda de fiar porque descobrira que a concentração física que a atividade exigia permitia que ele se concentrasse melhor em sua meditação. Eu era muito habilidoso na roda no período em que fiquei no ashram e muitas vezes desafiava Bapuji a ver quem fiava mais rápido. Ele não ligava para a competição. "Arun agora me vence regularmente na roda de fiar", escreveu, satisfeito, a meus pais.

Embora eu às vezes o transformasse numa brincadeira, aquele momento fiando e meditando era importante para nós dois. Eu gostava de ficar em silêncio e era capaz de passar horas sozinho. Vovô elogiou essa característica numa carta a meus pais: "Ficar em silêncio é algo que todos nós precisamos aprender com Arun."

Muitos pais acham que estão fazendo um grande favor aos filhos mantendo-os ocupados. Eles preenchem o tempo depois da escola com jogos de futebol, treinos de tênis ou ginástica, aulas de balé, piano e violino. As crianças passam de uma atividade a outra, mas nunca têm tempo para pensar, brincar e descobrir quem são quando ficam sozinhas. Todo esse aprimoramento pode ser bom, mas os pais devem considerar dar aos filhos o presente da solidão de vez em quando.

Quando adultos, muitos continuam no mesmo padrão de vida sobrecarregado e se vangloriam de quanto realizam num dia e de quão pouco dormem à noite. Fazer várias coisas ao mesmo tempo se tornou parte da experiência cotidiana e ter um ritmo de vida acelerado, sem tempo para descansar, refletir e se recuperar, é com frequência a regra. Esse problema já existe há muito tempo. Meu avô tinha um amigo alemão que ia nos visitar e certa vez nos advertiu de que era um pecado dormir um terço da vida. Bapuji respondeu, sem hesitar:

– Dormir um terço da vida acrescenta um terço ao seu tempo de vida.

Bapuji acreditava que não precisamos acelerar a vida – precisamos, sim, torná-la mais tranquila. Computadores, smartphones e aplicativos digitais aumentaram o ritmo da nossa vida, e não é nenhuma surpresa que as vantagens que eles trazem venham acompanhadas de algumas desvantagens. Podemos entrar em contato com pessoas que estão a centenas de quilômetros num instante, mas as cartas longas e descritivas que antigamente escrevíamos, cheias de detalhes sobre nossa família e o ambiente ao nosso redor, foram em grande parte substituídas por e-mails curtos e objetivos. Será que alguém acha realmente que se comunicar por emojis vai melhorar as relações humanas e trazer mais compreensão e paz?

As redes sociais nos oferecem amigos e seguidores, ainda que frequentemente nossas conexões sejam mais pobres do que percebemos. Não podemos buscar consolo ou ajuda nos "amigos" que são apenas uma foto no Facebook e é improvável que sejamos capazes de convencer as pessoas sobre uma questão importante como a discriminação ou a tolerância somente com um tuíte. Relacionamentos fragmentados não constroem uma sociedade mais coesa.

Mas também é errado condenar totalmente as tecnologias atuais. Se usadas da forma correta, a melhoria nas comunicações pode levar a uma mudança positiva. Há alguns anos me sentei ao lado de meu amigo Deepak Chopra numa conferência de paz em Berlim. Enquanto escutava os discursos, Deepak também se ocupava de seu smartphone e de vez em quando anunciava para a multidão: "Sua mensagem acabou de alcançar dois milhões de pessoas." Fiquei feliz por meu amigo ter dois milhões de seguidores no Twitter e em outras mídias sociais. Publicar tuítes sobre iniciativas de paz é certamente melhor do que a maioria dos outros usos das redes sociais.

Sei que meu avô teria usado o Twitter, o Facebook e outras mídias sociais da mesma forma que usava o rádio para divulgar sua mensagem em sua época. Mas não podemos mudar o mundo clicando "curtir" em uma publicação. As redes sociais são úteis apenas se estimularem as pessoas a realizar ações reais. A Primavera Árabe foi organizada nas redes sociais. A repressão era comum em todo o Oriente Médio, mas então alguém começou a atiçar as brasas e as fagulhas começaram a voar. As pessoas foram para as ruas, fizeram conexões cara a cara e começaram a promover a mudança que acreditavam querer. Lamentavelmente, as mesmas ferramentas são usadas para radicalizar as pessoas para o mal. A mídia alega que alguns jovens árabes participam de atentados suicidas porque têm a promessa de que encontrarão bandos de virgens à sua espera do outro lado. Não acho que os jovens muçulmanos realmente acreditem nessa teoria ridícula, mas a combinação de regimes opressores, regras religiosas repressivas e preconceitos em seus países adotivos tornou a vida tão insuportável que eles preferem morrer. Minha única esperança é que a mensagem de paz – seja ela divulgada via rádio, televisão ou Twitter – seja mais forte do que as mensagens de ódio e desesperança.

As pessoas nunca estiveram mais conectadas do que agora, mas às vezes parece que nunca estiveram mais solitárias. Quando viajei com Bapuji, ou conversávamos ou permanecíamos com nossos pensamentos. Em outras palavras, ou estávamos nos relacionando diretamente ou usávamos o tempo para desfrutar da nossa solidão, para olhar pela janela e apenas estar na própria companhia. As pessoas agora gastam todo o tempo livre olhando para o smartphone, de forma que não ficam nem sozinhas nem realmente conectadas umas com as outras.

Quando Bapuji estava com as pessoas, ele se ocupava em inspirá-las, em se relacionar com elas e compartilhar suas ideias. Depois, ele se recolhia para momentos de solidão no ashram, onde se recuperava e se confrontava apenas com ele mesmo, permitindo que sua mente recarregasse as energias no silêncio. Tentei aprender essa técnica de estar sempre por completo onde estou. Mas a tecnologia pode nos deixar num estado intermediário – nunca de fato em contato com outras pessoas (porque estamos ocupados demais olhando para a tela do telefone) e nunca realmente sozinhos (porque estamos enviando mensagens em vez de pensando). O submundo criado pela tecnologia nos deixa com a sensação de que estamos desabrigados.

Às vezes vejo crianças sentadas em restaurantes ou no parque enquanto os pais estão ocupados com seus smartphones. Não sei como pode ser tão importante para os pais enviar mensagens para o escritório ou para um amigo distante naquele momento. Mas a pessoa que realmente está recebendo a mensagem é a criança, sentada ali, aprendendo que não merece a atenção plena dos pais. Eu observo isso com tristeza e penso em como tive sorte por ter recebido atenção e carinho dos meus pais e de meu avô. Pessoas do mundo inteiro queriam ouvir Bapuji, mas, quando ele estava comigo, seu foco nunca divagava. Ele fazia com que eu me sentisse ouvido e importante. Se as crianças recebem toda a atenção na hora que precisam, têm mais condições de ser independentes e de estar sozinhas em outros momentos.

Bapuji acreditava que devemos dedicar nosso tempo à busca da Verdade – palavra que ele sempre escrevia com inicial maiúscula porque a considerava o objetivo da vida. Se nos esforçarmos para entender a Verdade, chegaremos mais perto de compreender o sentido da vida. Bapuji admitiu que tinha apenas vislumbres fugazes da Verdade, mas a descrevia como um brilho "milhões de vezes mais intenso do que o Sol que vemos diariamente com nossos olhos". Não será possível reconhecer nem um vestígio desse brilho se estivermos permanentemente distraídos ou concentrados em coisas triviais. O ruído do conformismo abafa o silêncio da Verdade.

Muitos músicos e artistas dizem que suas sacadas criativas acontecem em momentos inesperados. Uma grande ideia surge no chuveiro ou quando estão prestes a cair no sono. Alguns escritores mantêm cadernos na mesa de cabeceira para anotar as palavras e imagens que aparecem sem avisar durante a noite. Não há nada de mágico em chuveiros e camas, mas com frequência esses são os únicos lugares onde estamos sozinhos e permitimos que a nossa mente divague e resolva problemas. Aprendi com Bapuji que precisamos receber estímulos do mundo, ver pessoas e ter experiências para podermos desenvolver uma visão mais ampla, mas também precisamos de algum tempo sozinhos para entender tudo que vemos.

Depois que nos mudamos para os Estados Unidos, minha esposa, Sunanda, e eu criamos o Instituto M. K. Gandhi para a Não Violência e, depois, o Instituto de Educação Gandhi Worldwide. Durante muitos anos senti orgulho por ter participado do Renaissance Weekend, um retiro americano anual apenas para convidados que reúne líderes nas áreas de negócios, política e arte. Ele é conhecido como "avô de todos os festivais de ideias" e já contou com a participação de ex-presidentes, atletas olímpicos e vencedores do prêmio Nobel. Cercado por mentes brilhantes reunidas em workshops e palestras sobre o aperfeiçoamento de políticas públicas, eu me sentia estimulado e cheio de energia. Mas sabia que precisava voltar para casa e trabalhar duro para compartilhar essas ideias e trazê-las à vida. Eu precisava equilibrar as ideias vindas de fora com meu tempo de silêncio para pensar em como poderia torná-las realidade.

A constante agitação da mídia, das atividades e das ideias pode fazer com que nos sintamos energizados, mas é preciso ter cuidado para não estarmos apenas distraídos com trivialidades. Seja lá o que eu esteja fazendo e independentemente de quão ocupado estiver, sempre tento seguir o exemplo de Bapuji e recarregar as energias. Por isso reservo um tempo diário para estar com meus próprios pensamentos e meditar. Muita gente franze o nariz quando menciono a meditação e diz algo como: "Ah, não, isso não é para mim." Talvez a meditação pareça algo espiritual demais para essas pessoas ou elas imaginem que precisarão usar uma túnica longa e se cercar de incenso para que a coisa toda funcione. Permita-me lhe assegurar que você pode usar roupas de ginástica e se sentar no banco de um parque – tudo o que precisa é fazer uma pausa e refletir sobre a própria vida. Faço isso sempre que posso. Volto meus pensamentos para dentro de mim e reflito sobre o que é importante para o mundo e o que eu gostaria de conquistar para mim e para os outros.

Agora que estou mais velho, sei que, para mim, o que importa é viver de forma que as pessoas me vejam como um exemplo de respeito e amor. Comecei a me referir a mim mesmo como um *fazendeiro da paz* porque um fazendeiro planta as sementes e espera que elas germinem e produzam uma colheita valiosa. Eu planto as sementes da paz e da não violência entre os jovens e espero que floresçam. Não tento avaliar o impacto do que faço pelo número de "curtidas" que tenho no Facebook ou pelo número de retuítes. O que importa é transmitir uma mensagem fiel a quem eu sou e que reconheça que não vivo apenas para mim mesmo.

Vovô certa vez me disse: "Eu me sinto abençoado por ser quem sou e espero que você se sinta assim também." Eu me sinto abençoado todos os dias. Todos nós deveríamos nos sentir assim. Muitas vezes, independentemente de nossa idade, cometemos o erro de nos comparar com aqueles que parecem ter mais do que nós – mais posses, mais fama, mais brinquedos. Mas, se abrirmos os olhos só um pouco mais, perceberemos quanto de tristeza e privação também existem e então compreenderemos que é possível usar as nossas bênçãos para fazer uma grande diferença.

Eu me sinto abençoado por ser quem sou
e espero que você se sinta assim também.

Precisamos desses momentos de silêncio e solidão, longe da correria das pessoas e das expectativas, para colocar nossas experiências em perspectiva. Quando nos comparamos com quem está ao nosso redor ou com as celebridades do noticiário, não conseguimos ver o quadro maior. Perdemos a noção de onde nos encaixamos no mundo. Atualmente, muitas pessoas acham difícil ficar caladas, sem fazer nada – mesmo eu, às vezes, sou soterrado por todas as distrações. Podemos ouvir música e podcasts, assistir a vídeos e navegar na internet. Os especialistas dizem que mais dados foram criados nos últimos dois anos do que em todos os séculos e milênios até então. Todo esse ruído torna ainda mais urgente que não nos esqueçamos de encontrar as pequenas pausas de silêncio para nós.

Faço palestras com frequência em universidades americanas, lugares onde jovens de diferentes etnias, religiões, crenças e culturas deviam viver e aprender juntos. Embora grande parte das administrações tente encorajar a diversidade com políticas de admissão mais liberais, os próprios estudantes muitas vezes as sabotam. Eles se reúnem em irmandades com pessoas que têm a mesma aparência e pensam exatamente como eles ou pedem que certos assuntos considerados incômodos não sejam discutidos. Ouço falar de escolas que colocam "avisos de gatilho" em livros e palestras caso alguns estudantes fiquem chocados com ideias que não compartilham. Isso é aprendizado? Muitas faculdades se renderam a esse tipo de mentalidade estreita. A educação precisa ser mais do que adquirir conhecimento por meio de livros didáticos e se preparar para uma profissão e para ganhar dinheiro. Meu avô ficaria triste em ver como os estudantes em muitas das melhores universidades se tornaram fechados e amedrontados.

O conceito de solidão de Bapuji não significa se fechar a ideias novas ou a pessoas que pensam diferente de você. Ele queria que todas as ideias fluíssem. Escutava todo mundo e depois usava os momentos de solidão para refletir sobre todas as posições e decidir qual direção queria tomar. Bapuji queria estar frente a frente com as pessoas que tinham opiniões diferentes. Acho que ele ficaria desalentado com universitários que saem de palestras quando discordam do que está sendo dito.

Sua mente deve ser como um cômodo com muitas janelas abertas. Deixe a brisa entrar por todas elas, mas não se deixe levar.

– Sua mente deve ser como um cômodo com muitas janelas abertas – disse Bapuji certa vez. – Deixe a brisa entrar por todas elas, mas não se deixe levar.

Acho que esse é um conselho absolutamente fundamental. Você pode deixar que as brisas das informações, das ideias e dos pontos de vista diferentes fluam para a sua vida, mas elas não precisam dominar você. Ter uma mente aberta não significa aceitar tudo que se escuta – significa apenas saber que o simples ato de escutar também é importante.

Faça parte do mundo e absorva todas as ideias que puder.

Depois refugie-se em sua solidão ou num lugar tranquilo e decida como irá usá-las para melhorar o mundo.

• LIÇÃO QUATRO •

Conheça o seu valor

Muitas pessoas hoje em dia têm uma imagem caricatural do meu avô como um homem santo que abdicou de todos os bens materiais e usava o mínimo possível de roupas. Aí vai uma novidade: na verdade, ele entendia o valor do dinheiro tanto quanto qualquer outra pessoa. Acreditava que a força econômica era o segredo para a liberdade da Índia porque sabia que a independência nacional não faz sentido se você não consegue sustentar a si mesmo ou sua família.

No ashram, não existiam distinções econômicas e vivíamos de maneira radicalmente simples. Fazíamos todas as tarefas juntos – desde o trabalho de cultivo de vegetais até a limpeza dos banheiros – e nos sentávamos no chão para comer, estudar e conversar. Durante as refeições, ninguém nos servia: trazíamos nossos próprios pratos, tigelas, copos e utensílios e lavávamos tudo depois. Ninguém se sentia privado de nada, porque todos vivíamos nas mesmas condições. Bapuji entendia que a maioria das pessoas precisa de muito pouco para ser feliz. O problema principia quando começamos a nos comparar com os outros e achar que o que eles têm é melhor – e que talvez valha a pena brigar para conseguir. Meu avô entendia que acabar com as disparidades econômicas é um passo importante na redução da violência no mundo. Você não pode pregar a não violência, como meu avô fazia, sem reconhecer a raiva que a desigualdade provoca.

Bapuji tentou levar uma vida simples, mas também se encontrou com algumas das pessoas mais importantes do mundo. Em 1930, foi a Londres para participar da primeira Conferência da Mesa Redonda organizada pelo governo britânico para discutir o futuro da Índia. Como sempre, estava usando *khadi*, uma roupa de algodão rústico tecido na roda de fiar, prática que ele incentivava para ajudar os agricultores rurais pobres. O movimento *khadi* tinha ganhado força e estava começando a afetar a indústria têxtil britânica. Como muitos indianos estavam mostrando centelhas de independência ao produzir o próprio *khadi*, os britânicos não podiam mais comprar todo o algodão produzido na Índia a preços baixos para depois vendê-lo de volta na forma de roupas caras feitas por máquinas.

Os participantes da Mesa Redonda foram convidados ao Palácio de Buckingham e meu avô chegou usando sua tanga e seu xale. Os serviçais da realeza se inquietaram porque aquele não era o tipo de vestuário adequado para encontrar o rei, mas Bapuji se limitou a sorrir e dizer que, se o rei George não quisesse recebê-lo do jeito que ele sempre se vestia, ele não participaria. Os repórteres souberam da história e não paravam de falar naquilo. "Gandhi de tanga na festa do rei!", proclamava a manchete de um jornal. Eles adoravam a ideia de que ele caminharia pelos tapetes vermelhos do Palácio de Buckingham vestindo *khadi* e sandálias gastas. O rei George usou um traje formal diurno, composto de fraque e calças listradas, enquanto a rainha Mary, ao seu lado, vestia um vestido de gala prateado brilhante. Quando lhe perguntaram se ele se sentiu malvestido por usar sua tanga na presença do rei, Bapuji fez um gracejo que se tornou famoso:

– O rei estava usando roupa suficiente por nós dois.

Bapuji não achava errado almejar o sucesso econômico – achava errado não melhorar a vida dos outros junto com a sua. Ele próprio não ligava para dinheiro, mas era realista e sabia que seus projetos precisavam de financiamento. Então bolou um plano. Toda vez que ele saía, milhares de pessoas queriam seu autógrafo. Como suas reuniões de orações acolhiam todo mundo, milhares de hindus, muçulmanos, cristãos, judeus e budistas que o admiravam iam vê-lo e pedir seu autógrafo. Ele achou que, se cobrasse a pequena quantia de cinco rúpias (menos de cinco centavos de dólar hoje em dia) por assinatura, poderia angariar dinheiro para seus programas sociais e educacionais.

A primeira vez que viajei com meu avô, fui incumbido de juntar os cadernos de autógrafos e o dinheiro e levar tudo para Bapuji assinar. Fiquei muito emocionado! Eu me sentia muito importante por estar perto de meu avô fazendo algo por um propósito maior.

Naquela época não existiam "selfies" nem telefones celulares com câmera fotográfica, então os autógrafos de pessoas famosas eram raros e especiais. Alguns, inclusive, eram bastante valiosos. Depois de alguns dias de coleta, decidi que também queria o autógrafo do meu avô. Mas eu não tinha dinheiro e não sabia se Bapuji abriria uma exceção. Disse a mim mesmo que eu o estava ajudando um bocado e não custava tentar. Juntei pedaços de papel colorido, cortei no tamanho de um caderno de autógrafos típico e grampeei as folhas. Naquela noite, depois das orações, incluí meu caderninho improvisado na pilha que levei para vovô. Fiquei ao seu lado enquanto ele assinava os autógrafos, torcendo para que, na pressa do momento, ele não percebesse nada de errado.

Sem chance. Vovô era muito meticuloso em relação a cada moeda que recebia. Ele precisava de dinheiro para fazer seu trabalho. Quando chegou à minha caderneta e não viu nenhum dinheiro ao lado, ele parou.

– Por que não tem nenhum dinheiro para este autógrafo?

– Porque essa caderneta é minha, Bapuji, e eu não tenho dinheiro.

– Então você está tentando me enrolar? Para que você precisa de um autógrafo? – perguntou, sorrindo.

– Todo mundo tem... – respondi.

– Bem, como você pode ver, todo mundo paga por um autógrafo.

– Mas, Bapuji, você é meu avô! – implorei.

– Estou contente por ser seu avô, mas regras são regras. Se todo mundo tem que pagar, você também tem. Nada de exceções.

Meu ego ficou ferido. Eu queria ser especial! Então falei sem pensar:

– Você vai ver, Bapuji! Vou conseguir um autógrafo seu de graça. Vou continuar tentando até conseguir, não importa o tempo que leve!

– É mesmo? – retrucou Bapuji, rindo, os olhos brilhando. – Vamos ver quem vence esse desafio.

O jogo tinha começado. Nas semanas seguintes, usei todas as estratégias que consegui imaginar para fazê-lo me dar um autógrafo. Minha técnica favorita era entrar na sala sem avisar quando ele estava recebendo autoridades e líderes mundiais e acenar para ele com meu caderninho, pedindo que o assinasse. Um dia, interrompi uma reunião e anunciei bem alto que precisava de sua assinatura naquele exato momento. Em vez de se zangar, ele me puxou para um abraço, colocou a mão na minha boca e continuou a discussão. O político importante com que ele estava conversando ficou chocado, sem saber o que pensar daquela cena. Achei que vovô fosse ceder só para manter a paz, mas eu devia saber que não ia dar certo desafiar um homem que tinha decidido enfrentar o Reino Unido.

Nossa competição continuou por várias semanas. Um dos convidados importantes de Bapuji ficou tão irritado com minhas interrupções que abraçou a minha causa:

– Por que você simplesmente não dá o autógrafo para ele parar de nos incomodar? – perguntou, exasperado.

Bapuji não deixou que ele definisse os termos de nosso relacionamento:

– Esse é um desafio entre meu neto e eu. Você não precisa se envolver.

Bapuji nunca perdeu a calma nem me expulsou da sala. Ele tinha um controle imenso sobre a própria raiva – apesar de minhas provocações.

Numa ocasião, para me fazer sossegar, ele escreveu "Bapu" num pedaço de papel e disse:

– Aqui está o seu autógrafo.

– Esse não serve!

– É tudo o que posso oferecer – respondeu ele, com a mesma persistência que demonstrava em tudo.

Eu estava começando a entender sua mensagem. Passados mais alguns dias, me dei conta de que nunca iria conseguir o autógrafo sem pagar e finalmente parei de persegui-lo. Mas, em vez de me sentir derrotado, fiquei orgulhoso. Eu sabia que nossa pequena disputa não tinha sido realmente sobre um rabisco de tinta. Na verdade, Bapuji me ensinou uma lição sobre o valor. Como ele tinha decidido que sua assinatura custava cinco rúpias, isso devia valer para todo mundo. Se ele me desse um autógrafo de graça, estaria diminuindo o próprio valor. Igualmente importante foi que nosso desafio me mostrou que, mesmo que não tivesse as cinco rúpias, eu tinha um grande valor. Meu avô estava disposto a me tratar com o mesmo respeito que dedicava a chefes de Estado. Ele não me diminuiu na frente deles nem me tratou como um transtorno. Minhas necessidades valiam tanto quanto as deles e eram igualmente dignas de atenção.

Embora nunca tenha me dado seu autógrafo, Bapuji me ofereceu um presente muito maior. Começou a passar uma hora por dia comigo, falando e escutando. Ele tinha uma agenda tão ocupada que eu não sabia como conseguia me encaixar, mas ficou claro que, com hábitos disciplinados, é possível conquistar bem mais do que se imagina. Bapuji me fez escrever a minha própria programação – incluindo tempo para estudar e para brincar, para realizar as tarefas no ashram e para fazer as orações – e pregá-la na parede para mostrar que cada minuto da minha vida também era valioso.

Bapuji me ajudou a ver que cada pessoa tem um valor especial. Ele exalava amor e respeito por todos, jovens e velhos, ricos e pobres. Entendi quão importante era reconhecer nosso valor como indivíduos. Às vezes nos preocupamos, achando que outras pessoas são melhores do que nós, e nos esquecemos de ver o que nos faz ter valor para o mundo. Quando confiamos em nós mesmos, podemos reconhecer e honrar o valor daqueles ao nosso redor, independentemente de sua posição social ou do poder atribuído a eles pelos padrões mundanos.

Alguns estudiosos da vida de meu avô o retratam como alguém contra o progresso e o dinheiro, mas isso é uma interpretação equivocada de seus valores. Ele valorizava o dinheiro pelo que ele podia fazer para acabar com a miséria e para ajudar a tirar as pessoas de situações desesperadoras. Mas não media o valor dos outros pelo dinheiro que possuíam. Ele nunca (nunca!) acharia que a pessoa que usa roupas caras e viaja na primeira classe é mais importante do que a que se veste com trapos e dorme embaixo de uma ponte. Já vi fotos de meu avô enrolado em seu xale de *khadi* em encontros com chefes de Estado do mundo todo. Os líderes da realeza vestidos com uniformes enfeitados, joias brilhantes e chapéus imensos – francamente, eles é que me parecem bobos. Bapuji não precisava de uma roupa sofisticada para mostrar ao mundo o seu valor.

Se você usa dinheiro e bens materiais para definir o seu valor, pode acabar se sentindo vazio. Lamento por quem tenta me impressionar com um carro de última geração ou uma casa gigantesca, porque sei que, lá no fundo, essa pessoa sente que algo está faltando. Nada que se possa comprar vai preencher esse vazio. Por outro lado, também vejo com frequência pessoas que se veem como fracassadas porque foram demitidas ou porque têm dificuldade para pagar o aluguel. Elas temem que amigos mais abastados as desprezem e ficam constrangidas por não ter mais dinheiro. Precisamos separar nosso valor pessoal das *coisas* que adquirimos.

Pessoas bem-sucedidas, com salários enormes, têm todo o direito de se orgulharem do que conquistaram, mas estão erradas se acham que o tamanho de sua conta bancária é uma medida de seu valor. Na realidade, pode ser exatamente o contrário. "O materialismo e a moralidade são inversamente proporcionais", acreditava Bapuji. "Quando um aumenta, o outro diminui." Ele não achava imoral ganhar dinheiro nem pensava que houvesse algo intrinsecamente honrado em ser pobre. Meu avô se opunha apenas a se concentrar no ganho material sem pensar em mais nada. Se o dinheiro significa algo para você, então vá em frente e trabalhe duro para ganhar muito dinheiro. Mas não se esqueça de que há algo além disso.

O materialismo e a moralidade são inversamente proporcionais. Quando um aumenta, o outro diminui.

Alguns dos meus filhos e netos adotaram a causa da família de defender a não violência e ajudar os outros. Nossa família agora inclui ativistas e profissionais de todos os tipos, e tenho muito orgulho de cada um deles. Meu neto da Índia é um advogado que trabalha para resgatar garotas vítimas de tráfico de pessoas e minha neta usa o videojornalismo para dar visibilidade a organizações pouco conhecidas que fazem o bem em vilarejos indianos. Nos Estados Unidos, um neto é um médico atencioso e dedicado e outro é diretor administrativo de uma conhecida empresa de investimentos em Los Angeles. Ele recebe um salário maior do que eu jamais sonhei ganhar, mas também demonstra ser muito generoso e estar ciente de suas obrigações com o mundo. Como eu disse, você não pode usar o dinheiro como medida do valor de uma pessoa em nenhuma das direções.

Bapuji entendeu que muitas causas importantes – como erradicar a pobreza e a discriminação e oferecer um atendimento de saúde melhor às pessoas – exigem investimentos em dinheiro. Ele nunca pedia nada para si, mas não tinha a menor vergonha de pedir apoio para suas causas. Tentei usar esse mesmo modelo quando cheguei aos Estados Unidos pela primeira vez e tive a ideia de criar um instituto para promoção da não violência. Conversei a respeito com Sunanda, minha esposa, e, quanto mais imaginávamos os seminários, workshops e palestras que poderíamos oferecer, mais entusiasmados ficávamos. Achamos que faria sentido que o instituto ficasse dentro do campus de alguma universidade, então escrevi para diversos líderes de universidades contando-lhes sobre o plano. Nenhum deles respondeu. Talvez tenham achado a ideia utópica demais ou simplesmente tenham jogado o envelope na lixeira sem sequer abri-lo.

Por fim, um colega me pôs em contato com o presidente da Universidade Christian Brothers, em Memphis, no Tennessee. Quando fui encontrá-lo, ele estava entusiasmado com a ideia e me ofereceu gratuitamente uma casa para morar e um escritório no campus. Maravilhoso! Fiquei animado, embora ele tivesse deixado bem claro que a universidade não tinha dinheiro para sustentar o instituto; nós teríamos que fazer isso sozinhos. Aceitei sem saber onde o meu sonho ia dar.

Fiquei muitas noites acordado, tentando imaginar como conseguir a verba de que precisava. As imagens de meu avô coletando dinheiro para suas causas com seu saco de pano para fora da janela do trem e cobrando cinco rúpias por autógrafo ficavam voltando à minha mente. O autógrafo dele! De repente, me ocorreu que eu possuía algo muito valioso: uma pilha de cartas escritas à mão por ele, guardadas numa caixa em casa. As cartas tinham sido enviadas para os meus pais e para nós, crianças. Suas cópias já haviam sido fornecidas ao governo indiano, mas os originais estavam se deteriorando porque eu não tinha dinheiro para preservá-los adequadamente. Será que eu devia ser sentimental e me agarrar a elas até que desaparecessem completamente? Isso me parecia errado. Eu sabia que elas deviam valer muito para um museu ou para um colecionador e que vendê-las me proporcionaria o dinheiro necessário para divulgar a causa da não violência. À pergunta "O que Bapuji faria?", a resposta parecia óbvia.

Entrei em contato com a casa de leilões Christie's e eles me deram uma estimativa de 110 mil dólares. Agora o sonho estava se tornando realidade. Um amigo querido (e advogado) me ajudou a registrar o Instituto M. K. Gandhi para a Não Violência como uma organização de caridade, sob o código 501(c)3. Eu não queria que ninguém achasse que usaria um centavo sequer do que conseguíssemos para mim mesmo, então pedi à Christie's que leiloasse as cartas e transferisse o dinheiro diretamente para nosso recém-criado instituto.

A venda foi anunciada e naquela mesma noite meu telefone no Mississippi tocou, às 2h da madrugada. Atendi ainda grogue e fiquei surpreso ao saber que do outro lado da linha estava o gabinete do presidente da Índia. Aparentemente, a confusão estava armada. Antes que eu pudesse dizer uma palavra, o secretário particular do presidente estava me acusando de comercializar o nome do meu avô e insistindo para que eu cancelasse o leilão imediatamente. Tentei explicar meu plano, mas não devia estar muito articulado àquela hora. Por fim, acabei desligando quando percebi que não estava conseguindo chegar a lugar algum.

No dia seguinte, o presidente enviou uma declaração para a imprensa me acusando de explorar o nome de Gandhi. Comecei a receber cartas agressivas e raivosas de toda a Índia. Eu estava em choque. As noites sem dormir voltaram com tudo. Eu precisava que o espírito de meu avô me orientasse de alguma forma, mas não ouvia sua voz.

Uma noite, já bem tarde, pensei em como Bapuji acreditava que todas as pessoas têm o mesmo valor e na maneira como ele reagia diante de um dilema, perguntando ao público o que fazer. Então entrei em contato com o *New York Times* e perguntei se podia escrever um artigo de opinião explicando meu problema e pedindo orientação aos leitores. O artigo tinha o seguinte título: "O que devo fazer?"

Quando a coluna foi publicada, a resposta foi esmagadora. Mais de 90% das pessoas que se deram ao trabalho de responder disseram que apoiavam o meu plano. Vários jornais indianos republicaram o artigo do *New York Times* e rapidamente o jogo virou. De repente, muita gente estava me elogiando por seguir o verdadeiro espírito de Gandhi. Pessoas que haviam me atacado violentamente agora enalteciam e abençoavam meus esforços.

Toda a polêmica, no entanto, acabou assustando muitos dos possíveis compradores. Quando o leilão aconteceu, as cartas só renderam metade do estimado. Numa irônica reviravolta final, descobri que o comprador tinha sido o governo indiano – que tinha recusado minha oferta anterior de vender as cartas a ele.

Bapuji acreditava que cada um de nós é dotado de talentos especiais e que é nossa missão usá-los não apenas em benefício próprio, mas também para fortalecer os outros, agora e no futuro. Existe um anúncio de uma joalheria muito cara que diz que você nunca é de fato o dono de um relógio que ela fabrica; apenas está cuidando dele para a próxima geração. Não sei muito sobre relógios sofisticados, mas sei que o mesmo conceito se aplica aos valores mais profundos que possuímos. Bapuji sempre dizia que não importava a forma como havíamos adquirido nossos talentos – uma boa educação, uma família generosa ou muito trabalho duro –, nós não os *possuíamos*; apenas estávamos *cuidando* deles. Nossos talentos serão transmitidos através das nossas ações e das pessoas a quem ajudamos, e devem ser utilizados para contribuir para os outros tanto quanto para nós mesmos.

Há alguns anos levei um grupo de jovens mulheres e professores do Wellesley College numa excursão à Índia. Queria que eles vissem um pouco do ótimo trabalho que estava sendo feito por lá e a enorme diferença que alguém pode fazer na vida de pessoas muito pobres. No primeiro dia, visitamos alguns conjuntos habitacionais em favelas de Mumbai e depois pegamos um trem noturno para uma cidadezinha nos arredores de uma indústria açucareira, onde outro projeto estava levando ajuda e esperança. Viajamos por vários dias e conhecemos pessoas inspiradoras, mas todas as acomodações eram muito simples. Fizemos longas viagens de ônibus por estradas poeirentas e a maior parte dos hotéis não tinha chuveiro – apenas baldes de água quente e fria que você jogava sobre o corpo para se limpar. Depois de algum tempo, as jovens começaram a resmungar que realmente gostariam de ter uma cama confortável por uma noite e um chuveiro decente para lavar o cabelo.

Finalmente chegamos a uma cidade grande que tinha um hotel cinco estrelas novinho em folha. Conseguimos uma promoção e nos ofereceram quartos pela metade do preço – o que aceitamos de bom grado. Enquanto esperávamos a liberação dos quartos na recepção bem decorada, houve uma explosão de entusiasmo entre as jovens estudantes. O luxo nos aguardava! Elas pegaram as chaves e foram desfrutar do conforto de que estavam sentindo falta.

Cerca de 30 minutos depois, bateram à minha porta e me surpreendi ao encontrar várias estudantes ali, no corredor, parecendo angustiadas.

– Por favor, Sr. Gandhi, gostaríamos de trocar de hotel, de preferência ir para algum lugar menos extravagante – disse uma delas quando abri a porta.

– O que aconteceu? Achei que vocês estavam adorando ficar aqui.

– Nossos quartos são lindos, mas as janelas dão para as favelas, onde as pessoas vivem sem nada. Isso vai contra tudo o que aprendemos durante esta semana. Não devíamos ter tanto enquanto elas têm tão pouco.

Apreciei a compaixão delas, mas lhes disse que ficaríamos lá mesmo. As imagens que estavam provocando tamanho incômodo podiam também ser um aprendizado.

– Nós geralmente vivemos no conforto e não temos janelas para a outra metade do mundo. Esta noite vocês não podem deixá-la de fora. Na verdade, não devíamos fazer isso nunca. Talvez o extremo contraste que estão vendo permaneça com vocês e, sempre que o recordarem no futuro, vocês se lembrem da necessidade de fazer alguma coisa.

Às vezes é difícil saber o que fazer quando nos vemos diante dos enormes problemas do mundo. As estudantes não podiam simplesmente ir à favela e convidar todo mundo de lá para passar a noite no quarto de hotel delas. Mas reconhecer as discrepâncias é o primeiro passo para criar uma mudança. Ou talvez o primeiro passo seja *se importar* com as pessoas que estão na favela do outro lado da rua e reconhecê-las como indivíduos de valor. As jovens naquela viagem deixaram de ver os pobres como um grupo indistinguível que podia ser desconsiderado ou ignorado. Em vez disso passaram a reconhecer que todas as pessoas ficariam tão felizes quanto elas com uma cama macia e um banho quente.

Admiro pessoas como Bill Gates, que não acham que a riqueza as torna melhores do que as outras. Uma das crenças fundamentais da Fundação Bill e Melinda Gates é "Todas as vidas têm o mesmo valor". Eles defendem esse lema todos os dias com programas de capacitação para as pessoas mais pobres do mundo. Ajudam a transformar vidas, oferecendo assistência médica e educação para garantir que cada vez mais crianças "sobrevivam e se desenvolvam". Bill Gates pode ser uma das pessoas mais ricas do mundo, mas sabe que seu valor real não é medido pelo saldo de sua conta bancária. A prova de sua verdadeira riqueza é sua preocupação com aqueles que têm menos.

Bapuji falava sempre sobre a necessidade de compartilhar nosso talento e nossa sorte com as outras pessoas. Sei que ele gostaria de conhecer Bill Gates e lhe agradecer pelo ótimo trabalho que vem realizando. Ele também teria grande respeito pelas empresas que demonstram entender a responsabilidade que têm no mundo – que vai muito além dos preços das ações e dos lucros dos acionistas. Um exemplo que conheci em primeira mão (e sei que existem muitos outros) é o Grupo Tata, cuja sede fica em Mumbai. É um dos maiores conglomerados da Índia, com cerca de 30 empresas que produzem desde carros até aço, café e chá. Foi fundado em 1868 e a família Tata, que o administra desde então, mantém um compromisso com o que gosto de chamar de "capitalismo compassivo". Em vez de viverem como reis, os Tatas escolheram uma vida mais simples. Todos os anos, eles usam uma parte significativa de seus lucros pessoais e corporativos para ajudar os pobres na Índia a terem acesso a água potável, melhores condições para a agricultura e oportunidades na educação. Na cidade de Jamshedpur, onde a Tata Steel fica localizada, a empresa fornece praticamente tudo para os trabalhadores locais. Há alguns anos um executivo brincou que os Tatas são tão generosos, oferecendo serviços de utilidade pública, moradia, carros e instalações locais (eles administram até um zoológico e um hospital local), que "a única coisa que você precisa trazer é uma esposa". (Ou talvez um marido.)

Os Tatas professam o zoroastrismo, um antigo movimento religioso que começou na Pérsia (atual Irã). Como acontece com muitas religiões, seus seguidores enfrentaram uma perseguição terrível quando membros de uma religião diferente conquistaram o poder na região, no século VII. Por isso muitos deles foram obrigados a sair do país. Após a chegada de um barco cheio de refugiados à costa oeste da Índia, os zoroastrianos conseguiram uma audiência com o rei, em que pediram para ficar. O rei apontou para um copo cheio de água na mesa e disse:

– Assim como esse copo está cheio de água, meu reino está cheio de gente. Não temos espaço para acomodar mais ninguém.

Em resposta, o líder da delegação de refugiados acrescentou uma colher de açúcar na água e mexeu.

– Assim como esse açúcar se dissolveu na água e a adoçou, meu povo vai se dissolver na comunidade e adoçá-la.

O rei entendeu e permitiu que ficassem. A presença dos zoroastrianos vem adoçando a comunidade indiana desde então.

Todo mundo que ouve essa adorável história sorri com a ideia do copo de água adoçada. Mas é preciso pensar além dela. A primeira resposta do rei foi o que as pessoas em todo o mundo dizem hoje em dia quando confrontadas com populações refugiadas, pobres ou que são de uma religião ou etnia diferente. Por que, em vez disso, não conseguimos aceitar que todas as comunidades podem se beneficiar de um pouco de açúcar e tempero?

Pense no valor que você traria àquele copo d'água e transforme-o em seu princípio de vida para garantir que esteja sempre deixando a água um pouco mais doce.

•LIÇÃO CINCO•

Mentiras levam a mais mentiras

Bapuji tinha pressão alta e só acreditava em tratamentos naturais. Durante o tempo que morei com ele, passou um período numa clínica de cura natural na cidade de Pune, que tinha um ar puro e um clima ameno. Adorei o fato de ele ter me levado junto e, apesar de meu avô estar lá para cuidar da saúde, pessoas importantes continuavam a chegar para se consultar com ele.

Uma manhã, depois das orações e do yoga, eu me sentei nos degraus da clínica, aproveitando a brisa matinal e o cheiro fresco das flores. Estava perdido em pensamentos quando alguém veio por trás e me abraçou. Virei-me e fiquei chocado ao ver Jawaharlal Nehru, que em breve se tornaria o primeiro-ministro da Índia após a independência. Ele já era famoso em todo o mundo e considerado o segundo homem mais importante do país depois de meu avô. Era a primeira vez que o encontrava pessoalmente e fiquei fascinado. Estava acostumado a passar meu tempo com Bapuji e agora conhecia Nehru!

– Bom dia. Você gostaria de se juntar a mim para tomar o café da manhã comigo?

– Sim, claro – respondi, já me levantando e tentando ficar calmo; enquanto seguíamos até o refeitório, ele ia com o braço sobre os meus ombros.

Quando nos sentamos à mesa, ele olhou o curto menu e me perguntou o que eu queria comer.

– O mesmo que você – falei.

– Não, eu vou comer uma omelete. Acho que seu avô não gostaria que você comesse isso.

Como ele sabia que Bapuji era vegetariano e não comia ovos nem peixe, presumiu que eu tivesse sido criado na mesma dieta. Acontece que ele estava certo. Mas eu queria impressioná-lo e, de repente, me pareceu muito importante que comesse a mesma coisa que ele.

– Ele não vai se importar – falei, confiante.

Nehru respeitava muito meu avô e não queria correr o risco de ofendê-lo, então disse que eu precisaria da permissão de Bapuji antes de fazer o pedido.

Pulei da cadeira e corri até o quarto do meu avô.

Ele estava numa discussão séria com Sardar Patel, que se tornaria o vice primeiro-ministro da Índia independente. Mas, naquele momento, o café da manhã me parecia muito mais importante do que o destino da Índia.

– Bapuji, posso comer uma omelete? – perguntei, todo animado.

Ele me olhou, surpreso.

– Você já comeu ovos?

– Sim, já comi na África do Sul – respondi.

Era uma mentira deslavada, mas escapou com facilidade da minha boca.

– Tudo bem, então. Vá em frente – concordou ele.

Mentir era tão fácil! Corri de volta até Nehru e anunciei que meu avô não se importava que eu comesse uma omelete.

– Estou surpreso – comentou ele antes de pedir a omelete para mim.

Fiquei com a sensação de que o café da manhã tinha sido uma grande vitória. Não posso dizer que tenha particularmente gostado dos ovos. Mas uma pequena mentira permitiu que eu tivesse o que me pareceu ser um café da manhã sofisticado com Nehru.

Algumas semanas depois, Bapuji e eu estávamos em Mumbai e membros da família Birla, formada por industriais indianos muito ricos, nos convidaram a ficar em sua opulenta mansão. Tudo era tão luxuoso e diferente do ashram que mal dava para acreditar que estávamos lá. Passei uma tarde inteira explorando os jardins, cuja vista se estendia pela vastidão do oceano Índico. Eu não sabia que meus pais tinham chegado e subido até o primeiro andar para encontrar Bapuji. Depois soube que a primeira pergunta que meu avô fez foi se eu comia ovos em casa, ao que eles responderam:

– É claro que não!

Eu estava sonhando acordado no jardim quando minha parente Abha, que também viajava com Bapuji, me encontrou.

– Bapuji quer vê-lo no quarto dele. É melhor ir rápido, porque você está encrencado – disse ela.

– O que eu fiz? – perguntei, incrédulo, pois estava me esforçando muito para ser um exemplo de bom comportamento.

– Não me pergunte – respondeu ela, dando de ombros.

Entrei na mansão e me surpreendi ao ver meus pais lá, de joelhos, cabeça baixa. Eles não levantaram os olhos quando entrei. Todo mundo parecia muito sério. Pensei brevemente em como Bapuji parecia pequeno em meio àquele enorme cômodo decorado. Mas a força dele não vinha de seu tamanho.

Meu avô acenou em silêncio para que eu me sentasse ao lado dele e colocou o braço ao redor de meus ombros.

– Você se lembra daquele dia em Pune, quando me perguntou se podia comer uma omelete? Você disse que já tinha comido ovos, então eu deixei. Acabei de perguntar a seus pais e eles disseram que nunca lhe deram ovos. Portanto me diga em quem devo acreditar.

Senti o coração bater forte. Não queria que Bapuji perdesse a confiança em mim, então pensei rápido.

– Bapuji, nós comíamos bolos e tortas em casa. Acho que eles são feitos com ovos – respondi, muito sério.

Meu avô me olhou por um momento, enquanto considerava o meu argumento, e depois caiu na gargalhada.

– Você vai ser um ótimo advogado, meu filho. Vou aceitar seu ponto de vista. Agora vá brincar – concluiu ele, dando um tapinha nas minhas costas.

Saí da sala evitando o olhar de todos. Eu havia sido liberado, mas a agonia do encontro permaneceu comigo. Passados todos esses anos, ainda penso naquilo. A mentira sempre parece a saída mais fácil no momento, mas, quando mentimos para os outros, estamos mentindo para nós mesmos também. Poderíamos ganhar muito mais se enfrentássemos a verdade desde o início. Naquele dia em Pune, fingi para Bapuji que comer uma omelete não era nada especial, então disse a mesma coisa para *mim mesmo*. É muito raro pensarmos casualmente algo como: "Decidi ser uma péssima pessoa hoje e vou mentir." Em vez disso, nós nos convencemos de que o que estamos fazendo é, de alguma forma, adequado. Escondemos a verdade de nós mesmos tanto quanto das outras pessoas.

Evitar mentiras é difícil porque, para isso, precisamos reconhecer nossos desejos e admiti-los. Teria sido muito melhor para Bapuji e para mim se naquela manhã em Pune, ao correr para falar com ele, eu tivesse admitido que nunca havia comido ovos, mas achava que estava na hora de experimentar. Podia ter explicado que achava que estava na idade de tomar minhas próprias decisões sobre continuar sendo vegetariano ou não. E podia ter confessado meu fascínio por Nehru e conversado com Bapuji sobre isso também.

Muitas pessoas mentem quando ficam frustradas por não se sentirem no controle da própria vida. Essa é uma situação comum entre crianças e adolescentes, que em geral devem seguir as regras estabelecidas pelos adultos. Ouvi recentemente um garoto de 10 anos muito esperto negociando com os pais quanto tempo poderia permanecer no computador. Ele tinha acabado de aprender a programar e estava animado para terminar um projeto, mas seus pais insistiam que estava na hora de dormir. Como ele ficou sem argumentos ("Estou bem no meio disso!"), pude ouvi-lo recorrer a meias verdades ("O professor quer que eu faça isso a noite toda!"). Os pais podem ajudar os filhos a evitar mentiras tratando as vontades deles com honestidade e respeito.

Também é essencial que os pais não recorram à mentira só porque é mais fácil do que contar a verdade. Quando os pais criam o hábito de mentir sobre pequenas coisas ("A injeção não vai doer"), os filhos aprendem que essa é uma técnica aceitável.

Muitas pessoas – tanto crianças quanto adultos – recorrem à mentira quando se sentem impotentes, achando que mentir vai torná-las mais fortes. Normalmente, no entanto, mentir torna você mais fraco. Você acaba se enrolando – como aconteceu comigo no caso da omelete. Mas, mesmo que ninguém perceba a distorção dos fatos, a vitória dura pouco. Ao mentir, você prejudica a sua noção de individualidade e acaba com a força que estava tentando alcançar. E até pode começar a acreditar que só será bem-sucedido se apresentar uma falsa imagem ao mundo.

Muita gente mente em certas ocasiões, mas acaba superando o deslize e recuperando a autoconfiança para dizer a verdade em que realmente acredita. Eu consigo entender o impulso que leva as crianças a mentir, mas é triste quando os políticos caem na mesma armadilha e mentem sem parar. A vaidade se torna mais importante do que a integridade da posição que querem manter. Estão tentando se eleger, mas nunca poderão liderar, porque no fundo são fracos e inseguros.

Conhecendo a pessoa incrível que ele se tornou, é fácil pensar no meu avô como um ser humano perfeito que resistia a todas as tentações e nunca se desviou da sinceridade absoluta. Mas nenhum de nós é perfeito. Bapuji sabia que as mentiras são uma fraqueza bem humana. Ele teve as próprias experiências de embuste quando jovem. Essa talvez seja a razão pela qual foi tão benevolente comigo na história do ovo.

Quando tinha cerca de 12 anos, Bapuji caiu numa armadilha que muitas crianças acham irresistível: ser atraído pelo que é proibido. Para ele, isso incluía carne e cigarros. Ele via pessoas fumando e achava que soltar fumaça pela boca tinha um ar sedutor. Primeiro, tentou dar suas baforadas nas guimbas que encontrava. Depois começou a querer cigarros indianos de verdade e passou a surrupiar moedas perdidas pela casa para comprá-los. A atração pelo cigarro, no entanto, logo desapareceu. Muito antes de as pessoas saberem o prejuízo que o fumo causa à saúde, ele declarou que o cigarro era "incivilizado, sujo e nocivo". Ele não gostava de viajar em trens nos quais as pessoas fumassem. Dizia que ficava sufocado.

A circunstância em que meu avô comeu carne também envolvia um subterfúgio, porém era por uma causa levemente mais nobre. Quando era um garoto esquelético obcecado pela independência da Índia, Bapuji se perguntava como poderia enfrentar os britânicos, que individualmente pareciam ser bem maiores e mais corajosos que ele. Um verso infantil provocador da época dizia que os ingleses eram fortes porque comiam carne e que os hindus vegetarianos nunca poderiam competir com eles. O melhor amigo de Bapuji era muçulmano e compartilhava essa visão.

– Se você quer ser grande e forte como os ingleses para ser capaz de colocá-los para fora da Índia, precisa comer carne – dizia o garoto a meu avô.

Por isso Bapuji decidiu adotar uma dieta secreta e comer carne para ficar forte. Enganar os pais exigia algumas manobras complicadas. Ele e o amigo foram se esconder num lugar tranquilo perto do rio para Bapuji experimentar carne pela primeira vez. Ele não gostou e teve pesadelos terríveis depois, mas decidiu continuar. Durante quase um ano, seu amigo muçulmano cozinhou cabrito e outras carnes para Bapuji, que devorava seus jantares escondido. Mentiras levam a mais mentiras. Quando ele chegava em casa depois de uma dessas refeições clandestinas, sem fome para qualquer coisa que sua mãe tivesse preparado, alegava que estava com dor de estômago. Chegou até a roubar uma peça de ouro do irmão para comprar mais carne.

Toda essa movimentação furtiva fez Bapuji se sentir mal. E, apesar de toda a carne que comia, seu corpo não estava crescendo da forma que ele esperava. Comer carne não deixa você mais forte do que uma dieta vegetariana balanceada. Então ele desistiu da dieta secreta e parou de mentir para os pais.

Confessar uma mentira recorrente é difícil, e Bapuji ficou em conflito com sua consciência por um tempo. Como não conseguia contar tudo aos pais pessoalmente, decidiu escrever uma carta admitindo a farsa e pedindo perdão. Mas depois teve dificuldade até para entregar a carta. Seu pai estava muito doente na época e Bapuji ajudava a cuidar dele em casa. Numa noite em que os dois estavam sozinhos, ele encontrou coragem para lhe entregar a carta. Seu pai leu e releu as palavras e logo os dois estavam chorando. Por fim, ele puxou Bapuji para junto de si e sussurrou:

– Eu o perdoo, meu filho.

Bapuji relembrava essa época com tristeza. Quando me contou essa história, explicou que uma confissão clara combinada com uma promessa de não repetir o erro pode ajudar as outras pessoas a confiarem novamente em você. Mas ele também queria que eu soubesse que mentir e evitar a verdade são comportamentos com que todos nós nos debatemos. Mentiras são como areia – incapazes de criar alicerces sólidos. Tudo que você construir em cima de mentiras será instável e inseguro, e, se continuar colocando uma em cima da outra, seu castelo de areia um dia irá ruir.

Bapuji descobriu em primeira mão que é melhor enfrentar as repercussões da verdade do que o arrependimento da mentira. Seria legal se você pudesse aprender essa lição de uma vez por todas e aplicá-la pelo resto da vida. Mas mesmo Bapuji teve que aprender essa lição muitas vezes. Ele mentiu sobre os cigarros, sobre comer carne e sobre roubar – até que, finalmente, depois de confessar ao pai, decidiu que nunca mais mentiria novamente. Ele viria a escrever que a Verdade tem "um brilho indescritível, milhões de vezes mais intenso que o do Sol".

Bapuji fez uma conexão interessante entre a mentira e o complicado conceito de *ahimsa*. Um dos principais valores do hinduísmo, do budismo e de outras religiões, *ahimsa* estabelece que não devemos fazer nada para ferir os outros ou a nós mesmos. É fácil entender por que essa era a base do movimento de não violência de Bapuji, mas há um significado bem mais profundo que inclui outros tipos de males que causamos. Meu avô acreditava que controlar o instinto de mentir e enganar era bem mais difícil do que não se envolver em brigas corpo a corpo.

Como Bapuji, precisei de algumas rodadas de mentiras até assumir com firmeza a postura de dizer a verdade em todas as situações. Foi aonde acabei chegando e é aí que vou permanecer. Quando vejo como distorcem os fatos nos debates políticos, fico surpreso ao perceber que algumas pessoas podem nos fazer acreditar que a verdade é apenas o que elas querem que seja. A ciência não tem todas as respostas, mas, na busca da verdade absoluta, temos que nos basear nos melhores fatos de que dispomos. Se você alega que o aquecimento global não é verdade, que os imigrantes aumentam a criminalidade ou que a discriminação não existe, está ignorando fatos intencionalmente e deixando que mentiras emocionais levem a melhor. Talvez você até tenha razões pessoais para se opor à imigração ou para apoiar a discriminação, mas seja sincero com você mesmo sobre essas questões. Não construa um futuro para si ou para seu governo sobre esses instáveis alicerces de areia. Bapuji disse que sua dedicação à Verdade foi o que o levou à política. Um ótimo exemplo a ser seguido por todos!

Um conhecido me contou, brincando, que desistiu de mentir porque não é inteligente o suficiente para se lembrar de todas as histórias que contava, do que disse e a quem. Ele não queria continuar entulhando a vida de mentiras. Seja qual for a sua motivação, falar a verdade sempre acaba sendo muito melhor do que fingir ser algo que não somos.

Os americanos elogiam as pessoas "autênticas", que assumem uma causa ou posição em que realmente acreditam. Sempre penso em meu avô, com suas sandálias e seu xale simples, atraindo milhões de seguidores. Como ele fazia isso? Acho que as pessoas eram atraídas pela verdade em seu coração e pela autenticidade de sua paixão.

Muitos falam com admiração da Marcha do Sal que ele liderou em 1930 como forma de protesto não violento contra o domínio britânico. O sal era um artigo de primeira necessidade na dieta indiana, mas os cidadãos eram proibidos de extrair ou vender o próprio sal e tinham de comprá-lo dos ingleses, que, além de tudo, ainda o taxavam com um pesado imposto. Meu avô decidiu que colocar fim à taxa do sal era uma parte essencial de sua próxima campanha não violenta. Ele havia acreditado durante muito tempo que era possível negociar com os ingleses e encorajá-los a serem mais justos, e inclusive enviara uma carta sincera e profunda ao vice-rei descrevendo os problemas e as injustiças que pretendia que fossem corrigidas. O vice-rei respondeu com um bilhete de quatro linhas dizendo apenas que Gandhi não deveria infringir a lei.

– De joelhos, eu pedi um pão e, em troca, recebi uma pedra – disse Bapuji a seus seguidores.

Ele anunciou, então, seu plano de caminhar cerca de 400 quilômetros até o mar Arábico. Quando chegasse lá, desafiaria a lei e apanharia um punhado de sal à beira-mar. Quase todo mundo do ashram onde morava na época quis se unir a ele, mas Bapuji escolheu apenas alguns para acompanhá-lo. A pessoa mais jovem da marcha tinha 16 anos; meu avô, com 61, era o mais velho. Na manhã em que partiram, todos no ashram acordaram antes do amanhecer para vê-los partir. Milhares de pessoas das cidadezinhas próximas também se reuniram e vieram repórteres de toda a Europa, América e Índia.

A cada dia da marcha, meu avô fazia uma parada em alguma cidade ao longo do caminho e explicava seu plano – e mais e mais pessoas se juntavam à comitiva.

– Esta é a luta não de um homem, mas de milhões – afirmou

ele num vilarejo onde cerca de 30 mil pessoas se reuniram para ouvi-lo e oferecer apoio.

Quando Bapuji chegou ao litoral, um mês depois, centenas de milhares de pessoas caminhavam ao seu lado. Então, na cena que se tornaria célebre, meu avô foi à praia, se abaixou e apanhou um punhado de sal natural da lama.

– Com este sal estou abalando os alicerces do império! – anunciou.

Ele tinha desafiado os ingleses. Sem violência nem raiva, havia mostrado que subjugar as pessoas é errado. Seu amigo Mahadev Desai, que estava a seu lado, mais tarde relatou que, quando viram Bapuji na praia, outras pessoas da multidão também apanharam sal, rindo, cantando e orando. Toda a Índia parecia estar reagindo. Os ingleses logo apareceram e prenderam meu avô e cerca de 60 mil pessoas. Mas a mensagem havia sido enviada e outros milhões continuaram adotando a desobediência civil. Ao longo de toda a costa, nacionalistas indianos se reuniram em imensas multidões para extrair sal. Não havia espaço suficiente nas cadeias para todo mundo.

Meu avô não era um orador veemente nem tinha um exército ou um partido político organizado por trás dele. Mas atraiu o apoio de dezenas de milhares de seguidores em sua marcha e de outros milhões de pessoas que ficaram a seu lado por sentirem que ele lhes falaria apenas as verdades mais profundas. Bapuji era motivado pela honestidade e por sua crença profunda. É muito difícil resistir a isso.

Decidir abandonar a mentira e seguir a verdade pode mudar a sua vida – e, talvez, o seu país.

• LIÇÃO SEIS •

O desperdício é uma violência

Gostei dos dias que passei em Pune com Bapuji. Apesar de apreciar o isolamento do ashram, Pune era maior do que Sevagram e era legal poder novamente caminhar por mercados e lojas. Ficamos lá por tempo suficiente para que Bapuji arranjasse um tutor para mim. Um dia, voltando para casa da aula, vi uns lápis bacanas na vitrine de uma loja. Olhei para o toco de lápis na minha mão e decidi que eu merecia um novo. Então joguei o toco no mato ao lado da estrada.

Naquela noite, durante meu tempo com vovô, eu disse a ele que precisava de um lápis novo. Não parecia ser um assunto sério, mas Bapuji nunca deixava nada passar e retrucou que eu tinha um lápis em bom estado pela manhã.

– Estava pequeno demais – falei.

– Não me parecia tão pequeno assim. Deixe-me vê-lo – pediu, estendendo a mão.

– Ah! Não estou mais com ele. Joguei fora – falei, casualmente.

Bapuji me olhou, incrédulo.

– Você jogou fora? Nesse caso, vai ter que ir lá encontrá-lo.

Quando aleguei que estava escuro, ele me deu uma lanterna.

– Isso deve ajudar. Tenho certeza que, se você refizer seus passos e se esforçar, vai achar.

Sabendo que não ia ter jeito, comecei a descer a estrada no

escuro, procurando nos arbustos e nas valetas ao longo dela. Um homem que por acaso estava na rua me viu e perguntou se eu estava procurando algo importante. Eu me senti ridículo, mas disse a verdade, que estava procurando um toco de lápis que tinha jogado fora.

– Ele é de ouro? – perguntou ele, rindo.

Cheguei ao lugar onde achava que havia jogado o lápis e inspecionei o mato e a terra. Levei duas horas para encontrar – ou, pelo menos, pareceu ter demorado tudo isso. Quando finalmente o alcancei embaixo de um arbusto, não tive a sensação de encontrar um tesouro. Ainda era um toco de lápis que eu não queria. Com certeza, quando o visse, Bapuji entenderia que não valia a pena ficar com ele e que eu estava certo. Corri para casa, radiante, e o mostrei a meu avô.

– Aqui está o lápis, Bapuji. Viu como está pequeno?

Ele pegou o toco e o segurou.

– Isto não é pequeno, ainda dá para usar mais algumas semanas. Que bom que o encontrou.

Colocou o lápis em sua pequena mesa e sorriu para mim.

– Agora sente-se ao meu lado que vou lhe explicar por que fiz você ir procurá-lo. – Sentei ao lado dele e ele me abraçou. – Desperdiçar qualquer coisa é mais do que um mau hábito. Demonstra descuido com o mundo e é uma violência contra a natureza.

Desperdiçar qualquer coisa é mais do que um mau hábito. Demonstra descuido com o mundo e é uma violência contra a natureza.

Até aquele momento, eu só entendia a violência no sentido de bater em alguém, então escutei com atenção.

– Saiba que muito esforço, dinheiro e tempo foram investidos para produzir todas as coisas que usamos, mesmo as pequenas, como um lápis. Quando jogamos algo fora, estamos desperdiçando os recursos do país e desconsiderando o esforço das pessoas que produzem as coisas para nosso uso e conforto.

Enquanto eu pensava nisso, Bapuji perguntou:

– Quando você anda na rua, vê as pessoas pobres?

– Sim, Bapuji.

– Essas pessoas não têm dinheiro para comprar um lápis, enquanto nós, que podemos comprar as coisas de que precisamos, as desperdiçamos. Quando consumimos os recursos do mundo em excesso, nós os tornamos ainda mais escassos para os outros.

Quando consumimos os recursos do mundo em excesso, nós os tornamos ainda mais escassos para os outros.

– Certo, Bapuji, entendi – murmurei.

Comecei a me levantar, mas a lição não tinha terminado.

– Tenho outra tarefa para você. E para esta você vai precisar de mais do que um toco de lápis – disse ele, com um brilho no olhar.

Bapuji pediu que eu pegasse papel e lápis e desenhasse uma árvore genealógica da violência. Ele queria que eu entendesse como muitas das nossas ações estão inter-relacionadas. O diagrama devia ter dois ramos principais: um para a violência física e outro para a violência passiva. Ele queria que todo dia eu analisasse minhas ações e as das pessoas ao meu redor e as incluísse no diagrama. Se eu batesse em alguém ou atirasse uma pedra, era para acrescentar um galho ao ramo da violência física. Mas eu deveria ficar igualmente atento aos hábitos e comportamentos que ferem as pessoas, então toda vez que eu visse ou ouvisse falar sobre alguma atitude de discriminação ou opressão, desperdício ou ganância, devia desenhar um galho no ramo da violência passiva.

Nos dias seguintes, trabalhei duro para desenhar o diagrama. Quando o levei para Bapuji ver, estava orgulhoso por haver poucos símbolos de violência física na árvore.

– Estou com minha raiva sob controle – falei.

Ele assentiu com a cabeça. Depois olhamos todos os ramos de violência passiva que eu havia anotado.

– A violência passiva é o combustível que alimenta a violência física no mundo – explicou Bapuji. – Se quisermos extinguir o fogo da violência física, temos que cortar seu suprimento de combustível.

A violência passiva é o combustível que alimenta a violência física no mundo. Se quisermos extinguir o fogo da violência física, temos que cortar seu suprimento de combustível.

Muito antes de as pessoas falarem sobre ecologia e entenderem como nós, humanos, estamos afetando o planeta, Bapuji já reconhecia que o consumo excessivo dos recursos naturais por algumas pessoas cria um desequilíbrio econômico que afeta todos. Quando usado de maneira inteligente e compassiva, o materialismo pode ajudar a garantir uma vida decente para todas as pessoas na Terra. Porém, quando usado para explorar e abusar, ele cria um desequilíbrio impossível. Ainda assim, as desigualdades só pioraram desde a época de meu avô. O um por cento mais rico do planeta agora controla mais da metade da riqueza do mundo todo. Os mais abastados acham que têm o direito de pegar o que quiserem e descartar o resto.

– Nossa ganância e nossos hábitos, que causam tanto desperdício, perpetuam a pobreza, o que é uma violência contra toda a humanidade – disse Bapuji.

Nossa ganância e nossos hábitos, que causam tanto desperdício, perpetuam a pobreza, o que é uma violência contra toda a humanidade.

Bapuji, que era contra o desperdício de qualquer coisa – mesmo de um toco de lápis –, não saberia o que fazer com a cultura atual de produtos descartáveis. O desperdício se tornou uma parte tão grande da nossa vida que nos esquecemos de pensar sobre suas consequências mais sérias. Um terço de toda a comida que é comprada nos Estados Unidos acaba indo para o lixo, além dos alimentos descartados pelos supermercados antes mesmo de serem vendidos. Todos os anos são mandados mais de 160 bilhões de dólares em alimentos para os aterros sanitários. Ao mesmo tempo, milhões de crianças em todo o mundo vão para a cama com fome todas as noites. Meu avô costumava dizer que, enquanto houver lágrimas nos olhos de uma pessoa sequer no mundo, a humanidade não deve descansar. A segurança e a estabilidade de qualquer civilização dependem da segurança e da estabilidade de cada indivíduo. Se pudermos refrear o consumismo e o desperdício, poderemos economizar milhões gastos no transporte dos alimentos que vão acabar virando lixo – e, em vez disso, levá-los aos lugares e pessoas que realmente necessitam deles.

Só fui entender completamente a lição de Bapuji sobre o toco de lápis quando fiquei um pouco mais velho e abri os olhos para o desequilíbrio no mundo. Você pode achar que uma pequena mudança em sua vida não vai resolver nada, mas todas essas pequenas ações acabam se somando. Eu sempre carrego no bolso um lenço que uso no lugar de toalhas e lenços de papel. Talvez isso não mude o mundo, mas pense na diferença que poderia fazer se todos nós fizéssemos o mesmo. Além disso, alguns estudos mostram que as pessoas se sentem bem quando prestam atenção ao meio ambiente. A reciclagem se tonou algo tão popular que muitas cidades grandes e pequenas agora têm programas para reciclar resíduos. Várias pessoas levam sacolas reutilizáveis para o supermercado hoje em dia. Na economia globalizada dos tempos atuais, uma ação que você implemente em casa pode ter repercussões do outro lado do mundo – nos vilarejos mais pobres da Índia, por exemplo. Isso vale para questões importantes, como a luta contra as mudanças climáticas e a criação de soluções agrícolas para produzir alimentos e acabar com a fome do mundo, mas também se aplica, de uma forma bem literal, às pequenas contribuições que fazemos. Em vez de jogar roupas no lixo, as pessoas estão optando por doá-las. Não é incomum ver crianças indianas descalças usando camisetas de times de beisebol doadas por pessoas do outro lado do mundo.

Meu avô acreditava no poder individual para transformar o mundo, mas eu entendo por que as pessoas duvidam que seus esforços particulares possam realmente representar alguma mudança concreta no planeta. Sabemos que os níveis de dióxido de carbono na atmosfera estão aumentando mais rápido do que até mesmo o cientista mais pessimista imaginava. Em pouco tempo o impacto no meio ambiente poderá ser devastador. Mas de que serve tentar diminuir a nossa pegada de carbono quando as grandes empresas, as companhias aéreas e os automóveis continuam a ser as principais causas do problema? Talvez a melhor resposta tenha vindo da mãe de Bapuji, que não recebeu uma educação formal, mas ofereceu a meu avô um alicerce de sabedoria incontestável. Ela sabia que, segundo a filosofia antiga indiana e grega – que mais tarde seria transformada no que conhecemos como ciência –, o todo é formado de pequenas partes individuais chamadas de átomos, que se aglutinam para formar tudo ao nosso redor. Ela ensinou a ele que "o átomo reflete o universo". Da menor ação à maior, o que fazemos na nossa vida se torna um espelho do mundo como um todo. Cuide de seu entorno e o mundo será um lugar melhor.

A riqueza material pode resolver muitos problemas, mas a ganância e a insensibilidade criam muitos mais. Bapuji não precisava de muito mais do que uma mesa, papel e lápis para inspirar as pessoas a transformarem o mundo, mas, hoje em dia, a maioria acumula bens num ritmo alarmante. Compramos mais e mais produtos e depois não sabemos o que fazer com tudo que temos.

Vimos surgir todo um novo mercado profissional para ajudar as pessoas a organizar as próprias coisas em casa. Os livros e os consultores (sim, existem consultores de organização!) geralmente recomendam que a primeira tarefa seja jogar fora a maior parte do que você acumulou, pois se trata de artigos de que não precisa. Mas isso leva à verdadeira pergunta: por que você os comprou, para começo de conversa?

Comprar coisas – seja sapatos, sofás ou anéis de diamantes – pode nos trazer gratificação imediata, mas o prazer desaparece rapidamente. Então nos acostumamos com o que já temos e compramos mais algumas coisinhas, na esperança de um novo barato. Porém, por mais posses que tenhamos, nenhuma quantidade delas é capaz de preencher o espaço vazio em nosso coração. Precisamos aprender que encontraremos muito mais alegria no que criamos do que naquilo que compramos e descartamos. Quando eu morava na África do Sul, nossa casa era feita de ferro e madeira e estava se deteriorando lentamente. Havia buracos enormes no primeiro andar que meu pai tentava consertar, mas os remendos nunca duravam. Não tínhamos energia elétrica e, como a área era infestada de cobras, criaturas rastejantes sempre encontravam um jeito de entrar pelos buracos. Eu ficava morrendo de medo quando acordava no meio da noite com vontade de ir ao banheiro.

Certo dia, meu pai finalmente decidiu que precisávamos de uma casa nova. Ele comprou areia e cimento para que fizéssemos os tijolos de concreto que seriam usados na construção. Estávamos tão animados com a perspectiva que todo mundo se envolveu na fabricação dos tijolos e em sua secagem ao sol. Levamos um ano para construir a casa, mas a sensação foi de grande realização quando finalmente nos mudamos. Infelizmente, foi no mesmo mês que minha avó, a esposa de Bapuji, morreu. Meu pai batizou a casa em sua homenagem: Kastur Bhavan, a casa de Kastur. Fiquei muito orgulhoso daquela casa porque participei de sua construção.

Bapuji não precisava de bens materiais para causar impacto no mundo. Nenhum de nós precisa. A única vez que tentei usar algo caro para parecer mais importante deu errado de um jeito engraçado. A cena aconteceu depois que meu avô morreu, numa ocasião em que o primeiro-ministro Nehru me convidou para tomar café da manhã com ele em sua casa.

Nehru e meu avô tinham grande respeito um pelo outro enquanto trabalhavam juntos pela independência da Índia, e Bapuji considerou uma ocasião muito especial a nomeação de Nehru como primeiro-ministro oficial do país. Quando meu avô foi assassinado, o primeiro-ministro fez um discurso emocionante à nação: "A luz se apagou de nossas vidas e há escuridão em todo lugar." Eu apreciava o fato de, apesar das pressões do cargo, o primeiro-ministro Nehru ter permanecido próximo de nossa família depois que Bapuji morreu, então fiquei feliz com o convite para o café da manhã. Sua filha, Indira Gandhi, e o marido também estariam lá. (Apesar da coincidência do nome, eles não eram nossos parentes.)

Como eu não tinha carro, pensei em pegar um táxi. Porém meu tio, um homem de negócios bem-sucedido, insistiu que eu não devia chegar para o café da manhã com o primeiro-ministro num simples táxi. Ele então me emprestou uma de suas limusines corporativas, com direito a motorista e tudo. Quando cheguei, Nehru ainda não estava lá, então Indira me explicou que ele comia rápido e não gostava de se sentar e esperar que todo mundo terminasse. Por isso costumava chegar atrasado, de modo que todos terminassem ao mesmo tempo.

Durante o café da manhã, tivemos uma conversa calorosa sobre meu avô e a política da época. Nehru estava trabalhando duro para desenvolver uma política de relações exteriores viável e criar algumas das grandes instituições educacionais da Índia. (Naquele tempo não sabíamos que Indira o sucederia em dois mandatos como primeira-ministra.)

Em seguida, o primeiro-ministro Nehru e eu ficamos conversando do lado de fora enquanto esperávamos que nossos carros nos pegassem. O dele chegou primeiro. Era um carro pequeno e discreto. Logo atrás vinha a minha imensa limusine. Nehru conhecia muito bem as crenças de meu avô, então olhou para mim e disse, surpreso:

– Você não fica constrangido por ter um carro tão grande quando o meu é tão menor?

– Nem um pouco – respondi. – Você é dono do seu carro, enquanto o meu é apenas emprestado.

Ambos demos risada, sabendo que o que possuímos não nos define, quer sejam coisas grandes ou pequenas. O que importava para o primeiro-ministro não era o tamanho de seu carro, mas a força de suas ideias. E a limusine corporativa do meu tio, por mais extravagante que fosse, não podia mudar quem eu era.

O desperdício de recursos de que Bapuji falava era apenas o início do problema. Ainda mais chocante é a forma como matamos e exploramos seres vivos para nosso próprio enaltecimento. Caçadores ricos ainda hoje viajam à África para matar lindos leopardos, leões e elefantes por esporte. Há alguns anos, um dentista de Minesota despertou a indignação internacional quando matou Cecil, um leão de juba negra que era considerado um tesouro nacional no Zimbábue. Porém ele não foi processado. A caçada tinha sido perfeitamente legal. Ele pagou centenas de milhares de dólares pelo privilégio de destruir um magnífico animal. Alguns países pobres promovem safáris como fonte de renda, mas isso não justifica matar essas criaturas. Aproveitar-se de um país que enfrenta dificuldades explorando e abusando de seus recursos está entre as formas mais violentas de desperdício.

O pior de tudo talvez seja o fato de que abandonamos indivíduos com o mesmo descaso com que eu descartei meu toco de lápis. Um dia, em 1971, minha esposa e eu estávamos andando pelas ruas apinhadas de Mumbai, indo para casa após uma visita social. Na época, como agora, Mumbai era uma metrópole superpopulosa, fervilhando de pessoas indo e vindo, apressadas, pedintes nas sarjetas e vendedores ambulantes anunciando seus produtos. O lixo jogado na rua apodrecia e atraía insetos. Eu estava andando com os olhos voltados para o chão, tentando evitar pisar em algo desagradável, quando percebi um embrulho enrolado num tecido colorido. Eu já ia passando por cima, desviando para não pisar nele, quando percebi que estava se mexendo. Então parei e chamei Sunanda.

No meio de toda aquela agitação, nós nos ajoelhamos e desembrulhamos a trouxa de tecido. Dentro havia uma menininha esquelética com menos de três dias de vida. Olhamos em volta para ver se alguém sabia algo a respeito, mas ninguém estava prestando atenção na gente. Minha esposa segurou a criança no colo enquanto eu ia até a loja mais próxima telefonar para a polícia. Eles demoraram um pouco a chegar porque aquilo não era considerado uma emergência. Depois me explicaram que encontravam bebês abandonados com frequência. Pegaram o pequeno embrulho nos braços de minha esposa e disseram que iam entregar a criança a um orfanato mantido pelo governo, o Lar Remand. Como eu trabalhava como repórter do *Times of India*, um dos jornais diários mais lidos no país, perguntei se poderia acompanhá-los. Eles deram de ombros e concordaram.

Imagino que, se você vê situações de aflição o tempo todo, acaba deixando de notá-las, mas fiquei surpreso ao chegar ao orfanato e ver dezenas e dezenas de bebês e crianças que tinham se perdido, sido abandonadas ou ficado órfãs. Os policiais me disseram que costumavam fazer algumas tentativas para encontrar os pais e parentes das crianças, mas os números eram esmagadores e o índice de sucesso era de menos de 5%. As crianças definhavam e às vezes morriam. Imaginei o que aconteceria com a bebê que encontráramos. A diretora do orfanato explicou que as meninas desnutridas pareciam ser mais resistentes do que os meninos e tinham uma chance maior de sobreviver.

Ainda assim, as crianças do orfanato não tinham muita esperança. Os funcionários eram mal pagos e muitas vezes roubavam o dinheiro e os alimentos que eram destinados às crianças. Como era administrado pelo governo, o lugar pelo menos tinha alguma supervisão. Nas cidades pequenas e nos vilarejos, o índice de mortalidade nos orfanatos chegava a 80%. Quando as crianças sobreviviam, eram jogadas no mundo aos 18 anos, sem ninguém a quem recorrer para conseguir ajuda ou proteção. Muitas das garotas eram atraídas para a prostituição e muitos dos garotos acabavam em gangues, em que aprendiam a cometer pequenos roubos e aos poucos se capacitavam para crimes maiores.

Eu aprendera com Bapuji que o desperdício é uma violência – e o desperdício de jovens vidas parecia exatamente o tipo de violência passiva que ele tentara me explicar no episódio do lápis. Eu sabia que precisava fazer alguma coisa. Visitei muitos orfanatos e abrigos. Num deles, me surpreendi ao ver um casal louro de olhos azuis segurando um bebê indiano. Conversando com eles, descobri que eram da Suécia e estavam passando por um complicado processo legal para adotar o bebê que tinham no colo. Eles me apresentaram a um sueco chamado Leif, que já havia adotado um bebê indiano e tinha ido ajudá-los no processo. Eles precisavam de proteção, porque muitas vezes intermediários inescrupulosos intervinham para tentar ganhar dinheiro com os bebês.

Leif e eu mantivemos contato e ele me convenceu de que muitas outras famílias suecas gostariam de adotar bebês, mas precisavam de alguém honesto para ajudá-las ao longo do processo. Será que eu devia me envolver? Sabia que Bapuji gostaria que eu dissesse que sim.

Nos 12 anos seguintes, eu e minha esposa encontramos um lar para 128 bebês na Suécia, alguns na Índia e um na França. Nossas experiências variavam da alegria ao sofrimento. Quando o bebê era destinado a uma família, nós o levávamos para uma creche particular, onde ele ficava durante os três meses que o processo legal demorava. Nossa esperança era de que, durante esse tempo, o bebê ganhasse peso e ficasse saudável. Em geral, tínhamos sucesso, mas ao menos uma dezena de bebês morreram. Eu não os abandonava e muitas vezes carregava seus pequenos corpos pessoalmente até o cemitério e realizava os últimos ritos. Uma vez andei vários quilômetros pelas ruas para chegar ao cemitério mais próximo, pensando durante todo o trajeto em Bapuji dizendo que era preciso acabar com a desigualdade no mundo.

As famílias que recebiam os bebês sempre ficavam muito felizes. Conhecemos uma indiana que tinha sido informada de que era infértil, que não poderia ter filhos. Quando encontramos uma bebê para adoção, ela e o marido ficaram maravilhados. O casal nos tratou como se fôssemos espíritos divinos levando alegria ao seu casamento. Alguns meses depois soubemos que ela tinha engravidado e os exames mostravam que daria à luz um menino saudável.

Apesar de felizes, Sunanda e eu ficamos muito preocupados. Os garotos são muito valorizados nos lares indianos e agora a bebê enfrentaria uma dupla desvantagem – por ser adotada e do sexo feminino. Temíamos que ela fosse relegada a uma posição secundária ou até mesmo maltratada. Por isso decidimos ter uma conversa franca com os pais e sugerir que pegássemos a criança de volta.

– Ela é a nossa princesa – gritou a mãe. – Ela nos trouxe boa sorte e nós a amamos. Faremos qualquer coisa para ficar com ela.

O casal então começou a chorar e percebemos que eles estavam genuinamente aflitos. Não podemos esquecer que, apesar de todo o desperdício e toda a violência no mundo, ainda há muita bondade. Mantivemos contato com os pais, acompanhando com alegria o crescimento das duas crianças.

A maior parte dos pais adotivos mantém contato conosco e nos envia fotos dos bebês. Uma exceção foi o casal parisiense, que cortou todos os laços conosco assim que recebeu sua bebê. Eles nunca responderam às nossas cartas e, depois de um tempo, desistimos e simplesmente rezamos para que tudo estivesse bem.

Cerca de duas décadas mais tarde, recebi uma mensagem por meio do Instituto M. K. Gandhi para a Não Violência. Uma mulher na França estava tentando entrar em contato comigo. Eu não sabia quem era nem por que queria falar comigo, mas ela ligou novamente e deixou outra mensagem implorando que eu retornasse a ligação, o que acabei fazendo. A jovem, cujo nome era Sophie, me disse que tinha sido adotada quando era bebê, mas que os pais nunca falavam sobre suas origens. Sempre que ela perguntava, eles diziam:

– Essa parte de sua vida não é importante, então esqueça isso.

Agora, aos 26 anos, Sophie estava remexendo numa papelada velha de seu pai quando encontrou um documento com o meu nome, datado do ano em que ela nascera. Ela concluiu que eu devia ser o seu pai biológico ou pelo menos saber algo sobre seu passado. Então ela pesquisou meu nome no Google e me localizou.

Percebi que ela era a bebê que tínhamos conseguido para o casal francês havia tantos anos. Conversamos por mais de uma hora e ela soluçava enquanto eu tentava lhe contar os detalhes que sabia do seu passado. Ela fez muitas perguntas que eu não tinha como responder porque não estava com a documentação para me lembrar de seu caso. Na Índia, Sunanda e eu morávamos num apartamento de 32 metros quadrados e não podíamos nos dar o luxo de manter arquivos. Os consultores de organização que ajudam as pessoas a arrumar suas coisas não teriam muito que fazer conosco: jogávamos tudo fora depois de alguns meses.

Sophie ligou mais três vezes nessa mesma semana. Dizia que ouvir a minha voz era legal, mas queria muito me conhecer. Estava planejando viajar a Rochester, Nova York, onde morávamos. Dois dias depois, ela ligou chorando: tinha descoberto que a passagem aérea era cara demais e não tinha como pagar. Mas a vida também tem suas reviravoltas felizes e eu tinha boas notícias. Havia acabado de ser convidado para fazer uma palestra no Festival de Edimburgo e ficaria na Escócia durante uma semana. Sem dúvida, a passagem de Paris até lá seria mais barata.

Passei então uma semana em Edimburgo conhecendo essa adorável jovem. Ela me tratava como seu "pai espiritual" e até hoje mantemos contato regularmente. É uma alegria que ela seja uma das minhas filhas.

Tive uma experiência parecida alguns anos antes quando fomos a uma reunião com os bebês indianos que tinham ido para a Suécia e estavam na adolescência. Muitos disseram que queriam minha ajuda para encontrar seus pais biológicos.

– Desde que começamos a ir à escola, ouvimos as crianças falarem sobre terem os olhos da mãe, os cabelos do pai... – explicou um deles. – Não temos informações sobre os nossos pais. Não sabemos o que herdamos de nossa mãe e de nosso pai.

Eu nunca tinha pensado muito sobre isso. A maioria de nós não valoriza detalhes como esses, que, no entanto, se tornam importantes quando essa conexão com o passado nos é negada.

Entretanto, assim como aconteceu com Sophie, tive que dizer a eles que não possuía seus registros de nascimento – se é que existia algum – e não havia como encontrar seus pais biológicos.

– Essa é a realidade – afirmei. – A mãe biológica de vocês tomou a dolorosa decisão de abandoná-los na esperança de que pudessem ter uma vida melhor. Talvez ela tenha conseguido continuar sua educação e agora esteja bem. É isso que ela gostaria que vocês fizessem também. Nós os resgatamos com a melhor das intenções. Vocês podiam ter morrido no orfanato antes de chegarem a esta idade. Agora têm pais amorosos, felicidade e segurança. Se acham que nós erramos e arruinamos a vida de vocês, por favor, nos perdoem.

As crianças nos rodearam e abraçaram a mim e Sunanda, todo mundo chorando. Uma das adolescentes pediu permissão para nos considerar seus avós. Nós aceitamos. Isso fez com que outra garota dissesse, cheia de alegria:

– Pronto! Vocês resolveram nosso problema! Agora podemos dizer a todo mundo que parecemos com nossos avós.

Alguns anos depois, tivemos outra reunião na Suécia. As crianças tinham crescido, a maioria havia se casado e tido os próprios filhos. Enquanto eu olhava para elas, pensava em como cada indivíduo pode ser valioso se nos dedicarmos a nutri-lo e cuidar dele. Toda ação se multiplica. Os pequenos passos que eu e minha esposa demos fizeram diferença numa escala muito maior do que imaginávamos na época.

A violência passiva do desperdício pode ser tão destrutiva quanto a violência física. Às vezes é tentador pensar: "Sou apenas um entre 7 bilhões de pessoas. Que diferença posso fazer?" Estamos todos conectados numa grande rede. No momento de violência desenfreada que vivemos hoje – nas ruas, no pensamento, no discurso e na política global –, em que a paz parece inalcançável, precisamos reconhecer que a não violência envolve bem mais do que restringir o uso da força e domar a própria raiva. Ela é cheia de nuances e tem suas raízes na maneira como vemos o mundo e avaliamos cada ação. Bapuji me mandou voltar para procurar o toco de lápis como uma lição de que precisamos "ser a mudança que desejamos ver no mundo". Se você não gosta de desperdício e da forma como ele contribui para a desigualdade, se fica chocado com os CEOs de grandes empresas que hoje chegam a ganhar duzentas vezes mais do que o trabalhador médio, precisa começar assumindo uma posição pessoal.

Bapuji tinha aversão a qualquer tipo de desperdício, mas também tinha senso de humor em relação ao que considerava inútil e que devia ir para o lixo. Durante o tempo que morei com ele no ashram, uma de minhas tarefas foi ajudar a abrir os sacos cheios de correspondência que ele recebia todos os dias. Era uma tarefa importante. Muito antes de a reciclagem virar moda, ele a praticava diariamente. Aprendi a desfazer cada envelope com todo o cuidado, de modo que ele pudesse escrever suas respostas no lado em branco e economizar papel.

Nessa época, Bapuji estava em meio à controvérsia que cercava a possível independência da Índia. Quando ele discutia o futuro da Índia na Conferência da Mesa Redonda, em 1931, um oficial inglês lhe entregou um gordo envelope. Naquela noite, meu avô leu a carta mordaz, cheia de afirmações equivocadas que estava dentro dele. Ao retirar o clipe que segurava as páginas, percebeu que nenhuma página tinha espaço branco suficiente para uma resposta, então jogou tudo fora.

Na manhã seguinte, o oficial perguntou se vovô tinha lido a carta e qual era sua resposta.

– Guardei as duas coisas mais valiosas da carta – respondeu Bapuji –: o envelope e o clipe que prendia as páginas. O restante era lixo.

Rimos muito dessa história, mas ela continha um significado mais profundo. Bapuji não queria que desperdiçássemos tempo pensando em coisas que não são importantes e nos esquecêssemos de estudar o que realmente importava. Ele não tinha tempo para o rancor e a amargura.

Às vezes penso em quanta coisa Bapuji ainda poderia ter feito se tivesse vivido um pouco mais. Ele tinha uma enorme necessidade de preencher cada momento com algo importante, porém tinha a sabedoria de reconhecer que não podemos prever quanto tempo nos resta. O desperdício pior e mais violento é desperdiçar qualquer parte do seu dia. No ashram, ele me fez manter um planejamento preciso. Todos os meus dias, do momento em que acordava até a hora de dormir, eram cuidadosamente programados. Agora, conforme vou ficando mais velho, entendo bem melhor o que ele queria dizer quando falava: "O tempo é muito precioso para ser desperdiçado."

•LIÇÃO SETE•

Eduque seus filhos sem violência

Sempre que penso no período que passei com Bapuji no ashram, lembro de sua ternura, de sua sabedoria e de seu sorriso gentil. Ele ensinava com amor e paciência.

Um casal que morava perto do ashram foi um dia ver Bapuji com seu filho de 6 anos, Anil. O médico tinha dito que o menino precisava cortar radicalmente os doces porque o açúcar o estava deixando doente. Ele gostava muito de doces e surrupiava guloseimas, ficando ainda mais doente. Depois de algumas semanas de tentativas, a mãe levou Anil ao encontro de Bapuji e pediu que ele conversasse com a criança para que parasse de comer doces.

– Volte daqui a duas semanas – disse meu avô.

A mãe ficou um pouco frustrada, sem entender a necessidade de esperar. Quando os pais voltaram, Bapuji puxou Anil para si e sussurrou algo em seu ouvido. Eles se cumprimentaram tocando as palmas das mãos e a mãe ficou atônita ao ver que, depois disso, Anil passou a evitar os doces e a comer como deveria. Ele ficou mais saudável e a mãe se convenceu de que meu avô tinha realizado um milagre. Ela voltou e perguntou-lhe o que tinha feito.

– Não foi milagre algum – respondeu ele, sorrindo. – Eu precisava abrir mão dos doces antes de pedir que ele fizesse o mesmo. Quando vocês voltaram, eu disse que tinha parado de comer doce havia duas semanas e perguntei se agora ele tentaria.

Bapuji via a educação de forma diferente da maioria das pessoas. Ele achava que as crianças não aprendem tanto pelos livros didáticos quanto pelo caráter e pelo exemplo das pessoas que ensinam. Ele teria considerado uma piada o velho conselho "Faça o que eu digo, não faça o que faço", pois acreditava profundamente que os professores precisam fazer exatamente o que pedem aos estudantes. Ele falava a pais e professores sobre a necessidade de "viver o que queremos que nossas crianças aprendam".

Eu tinha um tutor para disciplinas como matemática e ciências, mas Bapuji sabia que eu aprenderia as lições mais profundas observando seu comportamento. Ele era um professor carinhoso e paciente e queria que todos o vissem como um pai ou avô com quem poderiam aprender. Ele assumiu esse papel pela primeira vez em 1910, quando morava na fazenda Tolstói, na África do Sul, uma das suas primeiras experiências de moradia e trabalho coletivo. Ele descreveu a experiência comparando-a com uma família, na qual ele tinha o papel de pai e a responsabilidade de ensinar as crianças. Naquela época, não via a possibilidade de que algum professor ou tutor se dispusesse a dar aulas para crianças não brancas, então ele mesmo começou a educar os meninos e meninas que viviam lá.

O modelo de Bapuji de liderar pelo exemplo é muito eficiente e pode ser usado pelas famílias hoje em dia. Muitos pais falam em limitar o tempo dos filhos no celular, mas eles mesmos atendem ligações telefônicas ou ficam vidrados em seus smartphones quando deveriam estar dedicando tempo à família. As crianças aprendem que o telefone ou o dispositivo eletrônico é mais importante do que qualquer outra coisa – e certamente mais importante do que elas. Balanço a cabeça em reprovação quando vejo pais devorando guloseimas cheias de açúcar enquanto insistem que as crianças comam frutas e verduras. Eles esquecem que as crianças aprendem com o comportamento dos adultos com que convivem.

Antes de ir para o ashram de Bapuji, eu não gostava muito da escola porque meus professores davam um exemplo terrível. Por causa do preconceito racial na África do Sul, poucas escolas aceitavam crianças não brancas. Quando eu tinha 6 anos, meus pais encontraram uma escola católica que podíamos frequentar, mas ela ficava a 29 quilômetros, na cidade de Durban. Eu ia com minha irmã Sita, que era seis anos mais velha do que eu. Todas as manhãs acordávamos às 5h e rapidamente nos aprontávamos para a árdua e longa viagem. Primeiro, andávamos 1,5 quilômetro pelas plantações de cana até a parada, depois pegávamos um ônibus até a estação ferroviária e, por fim, um trem para a cidade. E ainda tínhamos que caminhar 3 quilômetros da estação até a escola. No fim do dia, fazíamos o trajeto inverso.

A diretora dessa escola, Irmã Regis, era fria e autoritária. As aulas começavam às 8h20 e, se você não estivesse dentro da escola a essa hora, tinha que ir até a sala dela, onde levava uma surra de vara encerada. Minha irmã e eu fomos encaminhados a essa sala para apanhar mais vezes do que eu gostaria de lembrar. Irmã Regis sabia que Sita e eu dependíamos do ônibus e do trem para chegar à escola e não havia nada que pudéssemos fazer quando algum deles atrasava. Éramos crianças bem-comportadas e não perdíamos a hora por dormir demais; não fazia sentido nos castigar. Mas ela nos batia mesmo assim.

Todas essas surras violentas não melhoraram meu comportamento em nada e certamente não me faziam chegar na hora. Tudo o que fizeram foi me transformar numa criança zangada que detestava ir para a escola. Hoje os psicólogos sabem que as crianças que apanham são mais propensas a se tornar violentas no futuro. Minha experiência confirma essa realidade. Quando saía da sala da Irmã Regis com a pele ardendo por causa de sua vara, eu me sentia impotente e com raiva, e tudo o que queria era bater em alguém. Um adulto que bate numa criança estabelece um ciclo desnecessário de violência.

Anos depois, ao conduzir um workshop para professores em Memphis, fiquei chocado quando um após outro insistiu que o melhor meio de disciplinar as crianças era a palmatória ou outros castigos físicos. Uma professora explicou que, depois de bater o suficiente nas crianças de sua turma, elas aprendiam a temê-la, e então bastava um olhar para se comportarem. Ela podia até sentir orgulho de sua abordagem, porém, da mesma forma que a Irmã Regis, os resultados a longo prazo só podiam ser nocivos. Essa professora não apenas estava ensinando seus alunos a serem violentos como continuamente precisava aumentar a própria violência para manter o controle. Seu método de ensino gerava desrespeito. Seus alunos tinham sido desumanizados.

Fiquei impressionado ao ver que esse tipo de violência era aceito nas escolas americanas, mas fico ainda mais chocado ao descobrir que ainda hoje 19 estados americanos permitem castigos físicos. Estimativas mostraram que, todos os anos, cerca de 200 mil crianças apanham de adultos em posição de autoridade na escola. Precisamos parar de chamar isso de "disciplina" e admitir que é apenas violência contra as crianças. Esse tipo de prática permite que professores, diretores e outros adultos em posição de autoridade descontem as próprias frustrações em crianças indefesas. Pais e professores só recorrem ao espancamento quando são fracos demais para lidar com formas melhores e mais sofisticadas de ensinar aos filhos o que é certo ou errado.

No Brasil, uma lei de 2014 que altera o Estatuto da Criança e do Adolescente tornou ilegal o uso de castigos físicos para a educação de crianças. Apesar disso, a violência contra menores de idade ainda é um problema no país.

No entanto, alguns pais que hoje rejeitam a violência física recorrem a técnicas igualmente prejudiciais. Fiquei assustado quando ouvi recentemente a história de um adolescente obrigado a ficar de pé fora de casa segurando uma placa que dizia: "Eu faço bullying. Buzine se você odeia valentões." Para mim, o que o pai ou a mãe que aplicara esse castigo estava fazendo era bullying – que não é outra coisa senão fazer uso da própria força para humilhar alguém que é considerado mais fraco do que você. As consequências de humilhar crianças usando a violência emocional podem ser graves. Fiquei chocado ao saber de um pai que cortou o cabelo da filha de 13 anos para puni-la por ter enviado fotos sensuais para um garoto da escola. O próprio pai filmou a filha tremendo enquanto era provocada por ele. "Valeu a pena?", ele perguntava. O vídeo acabou indo parar no YouTube. Pouco tempo depois, a garota pulou de uma ponte e se matou.

Apesar de muitos fatores poderem contribuir para o suicídio de uma adolescente, com certeza o pai enlutado agora faz a mesma pergunta em relação à própria violência: valeu a pena?

Bapuji só acreditava em educar as crianças por meios não violentos, o que é muito mais sutil do que simplesmente evitar o confronto físico. Criar seus filhos no espírito da não violência significa encher a casa de amor e respeito, estabelecendo um propósito em comum. Quando pais e adolescentes discordam sobre regras, os pais às vezes recorrem à exigência: "Esta casa é minha e você vai obedecer às regras enquanto viver aqui." Isso envia uma mensagem de conflito e hostilidade, em que pais e filhos ficam em lados opostos. Numa abordagem não violenta, pais e filhos tentam chegar a um consenso e procuram razões para se apoiarem mutuamente. Assim, os pais aceitam que as falhas dos filhos provavelmente são resultantes de suas próprias falhas.

Senti a força da educação não violenta quando tinha 16 anos. Certa ocasião, meu pai pediu que eu dirigisse o carro da família e o levasse até a cidade, aproveitando o período em que ele participaria de uma conferência para resolver algumas coisas para ele. Morando numa comunidade rural na África do Sul, eu não ia muito à cidade e estava animado com a oportunidade de explorá-la. Tinha ouvido falar muito sobre os filmes americanos e, apesar de achar que meus pais não os aprovariam, torci para fazer tudo que precisava e ainda ter tempo para ir ao cinema.

Quando deixei meu pai na conferência pela manhã, ele pediu que o pegasse no mesmo lugar às 17h. Mamãe precisava que eu fizesse compras e mais algumas coisas. A lista de meu pai para o dia incluía levar o carro a uma oficina para trocar o óleo.

– Você tem o dia inteiro, então não deve ter problema – falou.

Terminei as tarefas em tempo recorde e deixei o carro na oficina a tempo de pegar a sessão das 14h. Afundei na poltrona, satisfeito com o plano perfeito, e fiquei fascinado com o filme de John Wayne na tela, que era tão bom quanto eu imaginava. Quando o filme acabou, por volta das 15h30, percebi que era uma sessão dupla. Outro filme ia começar. Rapidamente calculei que dava para assistir à primeira meia hora e ainda chegar a tempo de pegar meu pai. Porém (como era de esperar), fiquei tão envolvido com o filme que permaneci no mesmo lugar até as 17h30. Ah, não! Apesar de correr para a oficina e pegar o carro, não consegui chegar ao centro de conferências antes das 18h.

Meu pai estava aliviado em me ver. Obviamente, ele ficara preocupado.

– Por que você se atrasou tanto? – perguntou assim que entrou no carro.

Fiquei com tanta vergonha que não consegui contar a ele como eu tinha me divertido assistindo aos filmes violentos de faroeste. Você pode pensar que depois de minhas experiências no ashram e com Nehru, eu tinha aprendido a não mentir. Mas a vontade de proteger a nossa imagem de nós mesmos às vezes pesa mais do que o bom senso.

– O carro não estava pronto – respondi, inventando uma desculpa apressada.

Mas, assim que as palavras saíram da minha boca, percebi a decepção no rosto do meu pai.

– Não foi o que a oficina me disse quando liguei para lá – falou, refletindo por um momento antes de decidir o que fazer.

Então ele balançou a cabeça calmamente.

– Lamento que você tenha mentido para mim hoje. Falhei como pai por não conseguir fazê-lo ter a confiança e a coragem necessárias para me dizer a verdade. Como penitência por minhas falhas, vou a pé para casa.

Ele abriu a porta do carro, saiu e começou a seguir pela estrada a pé. Eu saí do carro e corri atrás dele para pedir desculpas, mas ele continuou andando. Tentei convencê-lo a desistir de seu plano e prometi que nunca mais iria mentir, mas ele simplesmente balançou a cabeça.

– Cometi um erro em algum ponto. Vou fazer esta caminhada para pensar em como eu poderia ter lhe ensinado melhor a importância de dizer a verdade.

Mortificado, voltei para o carro. Eu não podia acompanhar meu pai na caminhada porque tinha que levar o carro para casa. Mas não iria deixá-lo andando sozinho na estrada escura. Então fui dirigindo atrás dele, me arrastando na velocidade da caminhada por quase seis horas, os faróis iluminando o caminho. A caminhada pode ter sido dura para ele, mas foi uma tortura para mim. Meu pai estava sofrendo por causa da minha desonestidade. Em vez de me punir, ele assumira o fardo.

Minha mãe estava nos esperando em casa para o jantar e eu sabia que ela devia estar muito preocupada. Naquela época não havia celulares e, mesmo que conseguíssemos achar um telefone público, era difícil fazer uma ligação para fora da cidade. Imaginei minha mãe de pé na varanda com minhas irmãs, espreitando a escuridão para ver se conseguia identificar nosso carro. Era quase meia-noite quando ela finalmente avistou os faróis serpenteando lentamente na direção da casa. Ela presumiu que tivéssemos nos atrasado por conta de algum problema mecânico com o carro. Apenas quando entramos descobriu o que tinha acontecido.

Se meu pai simplesmente tivesse me punido, tenho certeza de que teria me sentido humilhado, não culpado; e a humilhação teria levado à desobediência e à vingança – ou ao desejo de machucar outra pessoa. Ao usar um método não violento que aprendera com Bapuji, meu pai me tornou seu parceiro tanto no problema quanto na necessidade de corrigi-lo. O impacto de algo assim é forte e duradouro e alcança resultados mais positivos do que as abordagens coercitivas ou violentas. O método de Bapuji ajuda os pais a atingirem seu objetivo de criar filhos comprometidos, confiantes e emocionalmente inteligentes.

As crianças se desenvolvem de forma saudável quando são respeitadas e veem que os adultos não lhes pedem que façam algo que eles mesmos nunca fariam. O objetivo é transformar nossas crianças em pessoas bondosas e fortes que não se tornam vítimas do mau comportamento de outras crianças. O noticiário está repleto de imagens de crianças brigando enquanto os amigos gravam a ação com seus celulares. Bapuji não perguntaria "O que está acontecendo com nossas crianças?" porque a resposta estaria clara: não podemos culpar as crianças por serem cruéis e indiferentes se não mostramos a elas os valores positivos.

Os pais compram roupas da moda e os brinquedos mais modernos para os filhos, mas as crianças sempre querem mais. Então eles reclamam que elas são ingratas. Muitas crianças vivem em sua bolha de privilégio e nunca veem outros tipos de vida. Como podem valorizar tudo o que têm se não dispõem de critérios de comparação? A gratidão surge quando você pode ver o lugar que ocupa no mundo. É melhor para todos quando nos sentimos conectados uns com os outros.

Quando meus dois filhos eram pequenos, como todas as crianças, queriam festas de aniversário. Minha esposa e eu amamos nossos filhos e desejávamos celebrar a importante data, mas, depois das experiências que tivemos com os órfãos indianos adotados por famílias amorosas, queríamos que nossos filhos entendessem o que significava ter uma família e pessoas que gostam de você. Decidimos que faríamos suas festas de aniversário no orfanato local, de modo que todas as crianças pudessem comemorar e se divertir juntas.

– Por que fazer uma festa com estranhos? – perguntou minha filha. – Por que não podemos convidar nossos amigos?

– Compartilhar com pessoas que já têm muito não faz sentido – expliquei. – Queremos dar para quem tem pouco.

Ela e o irmão não ficaram convencidos de que aquele era um bom plano até visitarmos um dos orfanatos, que não era muito diferente daqueles que nos inspiraram a agir no passado. Era um lugar sombrio, escuro, com a pintura descascando aqui e ali. As crianças não tinham brinquedos. Alguns dos menores simplesmente ficavam sentados no chão, balançando para a frente e para trás para se confortar. Eles não tinham nada para segurar, tocar ou brincar. Meus filhos ficaram chocados. Depois disso, começaram a levar brinquedos para as crianças do orfanato. Uma vez nós lhes levamos triciclos. Os órfãos nunca tinham visto nada parecido e nem sequer sabiam sentar neles e pedalar.

Depois que meus filhos conversaram com os órfãos e passaram algum tempo com eles, tiveram uma nova visão de suas festas de aniversário. Compartilhar com aqueles que tinham tão pouco parecia mesmo fazer sentido. Já não eram mais tão estranhos assim.

Com o exemplo certo, as crianças compreendem a força da não violência na mesma hora. Depois de saber que os professores de Memphis acreditavam em castigos físicos, achei que poderia começar a mudar a atitude deles ao promover um curso de resolução de conflitos. Para mim, estava claro que as crianças precisavam de um modelo não violento para resolver problemas, algo que não estavam aprendendo com os adultos. O primeiro curso que organizei foi numa escola de ensino fundamental. As crianças ficaram animadas com a oportunidade de se tornarem mediadoras dos colegas. Expliquei que a missão delas era fazer com que duas pessoas com opiniões diferentes fossem a um local neutro, onde pudessem se sentar uma diante da outra com um mediador entre elas. O mediador tinha que conduzir a conversa de acordo com determinadas regras, garantindo que cada pessoa falasse sem raiva e ouvisse com atenção antes de responder.

As crianças praticaram umas com as outras e, apesar de se sentirem constrangidas de início, logo entenderam como essa simples técnica podia ser eficiente. Elas aprenderam que as discordâncias podem ser resolvidas de maneira respeitosa e sem violência, e ficaram com a sensação de que tinham controle sobre a própria vida. Agora poderiam lidar com os conflitos sem brigas nem gritaria. Mais tarde fiquei sabendo que um dos meninos foi para casa naquela noite e ouviu os pais gritando um com o outro. No início, ele se escondeu no quarto, como geralmente fazia nessas situações, mas depois tomou coragem e foi até onde os pais estavam.

– Agora sou um mediador certificado e posso ajudar a resolver este conflito – anunciou, cheio de ousadia. – Quero que vocês dois se sentem um diante do outro. Eu vou mediar a conversa.

Os pais ficaram tão chocados com a sabedoria tranquila do menino que imediatamente se acalmaram e lhe pediram desculpas. Tudo acabou num grande abraço.

Muitas pessoas fazem testamento para distribuir sua herança material – o dinheiro, a casa ou o anel de diamante que queremos passar para a próxima geração. Mas qual herança ética deixamos? Nosso estilo de educar e a forma como oferecemos ou negamos nosso amor ecoam por gerações. O primeiro contato de Bapuji com a educação não violenta e com a força do amor veio de seus pais. Quando ele fazia algo errado (e ele não era perfeito, como já vimos), seus pais reagiam com amor e compreensão. Já contei como meu avô escreveu aquela carta aos pais admitindo uma mentira e seu pai chorou e o abraçou. Bapuji depois escreveria sobre o pai: "[Ele] me ajudou a lavar meus pecados com lágrimas." Se vovô tivesse apanhado, sido humilhado ou colocado de castigo, será que teria sido uma pessoa diferente? Se Gandhi fosse zangado e vingativo, talvez não tivesse influenciado tanto o mundo. Talvez não seja exagerado dizer que o destino de milhões pode depender do amor ou da raiva que transmitimos aos nossos filhos.

Parece claro que se o amor, o respeito e a compaixão podem fazer a diferença em um lar, também podem provocar um grande impacto em muitos lares. E por que não em todo o país e no mundo? A primeira semente de uma vida não violenta foi plantada em meu avô durante a infância e ele a cultivou ao longo de toda a vida. Algumas pessoas agora o reverenciam como um santo, mas ele não se via dessa forma. Bapuji se esforçou para passar a imagem de uma pessoa comum, com defeitos comuns, que se transformara do mesmo modo que todo mundo pode se transformar: por meio de trabalho duro e zelo. Quando morei no ashram, ele me fez prometer que todos os dias eu me esforçaria para ser melhor do que no dia anterior. Se você tem esse objetivo em mente, ele passa a fazer parte de você. Penso nisso todas as manhãs ao acordar.

Quando Bapuji enfrentou os desafios normais da adolescência, ele se desviou dos bons valores. Sim, isso acontece com as melhores pessoas! Mas, em vez de afundar ainda mais no buraco da mentira, ele foi transformado pelo amor da própria família. Muitos pais hoje em dia são bons em falar que amam os filhos, mas os pais de Bapuji demonstravam seu amor incondicional sem usar essas palavras. Para eles, os filhos vinham em primeiro lugar em todas as equações da vida e nunca eram um peso ou um sacrifício. Sentir o amor dos pais nas interações cotidianas foi muito bom para ele. Em vez de reclamar que não pode mais ir a festas ou desfrutar os prazeres da vida de solteiro, dê a seus filhos um dos maiores presentes que você tem a oferecer: mostre que agora *eles* são o seu verdadeiro prazer.

No dia a dia, muitas vezes estabelecemos um modelo no qual ser "feliz e bondoso" é menos importante do que ser "rico e bem-sucedido", e isso me preocupa. Mesmo que, ao nascerem os filhos, quase sempre digamos que o que mais queremos é que sejam felizes, à medida que crescem, começamos a pressioná-los – e a pressionar nós mesmos. Crescer na carreira ou ganhar muito dinheiro se torna mais importante do que o tempo em casa cultivando o amor, a confiança e a compreensão. Presentes caros substituem o amor e a atenção. Sei que não é fácil equilibrar trabalho e família, e admiro os homens e as mulheres que fazem tudo o que podem para ter uma vida plena. Mas precisamos ter cuidado para não nos preocuparmos com os valores errados e acabarmos enfatizando experiências efêmeras em vez de benefícios e valores mais duradouros.

Quando nos mudamos para os Estados Unidos e fomos morar no campus de uma universidade, minha esposa e eu com frequência convidávamos os estudantes para levarem o almoço lá para casa e almoçarem com a gente. Assim podíamos conversar sobre não violência, amor e a filosofia de Bapuji. Minha esposa é uma figura muito maternal e afetuosa, então costumava abraçar os estudantes e lhes perguntar como estavam, se queriam conversar sobre algum assunto ou se estavam precisando de alguma coisa. Lembro de uma estudante que retribuiu o abraço e começou a chorar em seus braços.

– Meus pais nunca me fazem perguntas desse tipo – falou. – Gostaria que eles se preocupassem comigo do jeito que você se preocupa.

Os pais dela provavelmente a amavam, mas deviam estar tão absortos e distraídos pelas próprias necessidades que não percebiam o que a movia e inspirava.

Quando minha filha estava criando os próprios filhos no estado de Nova York, seguia a tradição que minha esposa e eu tínhamos estabelecido na Índia, de servir o jantar todas as noites às 19h. Seja o que fosse que as crianças estivessem fazendo, elas sabiam que precisavam estar em casa para se reunir com todos à mesa. Isso funcionou muito bem quando as crianças eram pequenas, mas, quando entraram no ensino médio, os amigos começaram a questionar por que eles tinham que correr para casa todas as noites. Minha filha sugeriu então que seus filhos convidassem os amigos para conhecer essa tradição familiar.

Uma dessas amigas que foi a um jantar ficou lá sentada, de olhos arregalados, ao ver como a família compartilhava suas histórias e conversava sobre o que tinha acontecido durante o dia. No fim, ela admitiu que era a primeira vez que participava de um jantar em família. Seus pais trabalhavam, então cada um tinha que se virar sozinho na cozinha.

– Nós simplesmente vasculhamos a geladeira quando chegamos em casa e, na verdade, ninguém se importa com o que fazemos – contou, com lágrimas nos olhos.

Experimentar o amor na família de minha filha fez com que ela quisesse o mesmo para si.

As crianças querem provar que são independentes, então agem como se estar ao lado dos pais fosse um peso, não um prazer. Mas, no fundo, elas precisam muito de amor e compreensão. Quando os pais estão ocupados demais para oferecer amor, fazem um violento desserviço à sensação de integridade e à esperança dos filhos.

A extraordinária disciplina mental de meu avô deixava muitas pessoas admiradas. Ele experimentou pela primeira vez a determinação da força mental quando não tinha nem 5 anos. Sua mãe seguia a tradição hindu de fazer votos, o que geralmente significava abrir mão de algo durante um tempo. Quando meu avô era bebê, ela prometeu não comer até ver o sol. Sob condições normais, isso não seria um problema, mas ela fizera esse voto durante as monções. Bapuji lembrava que o sol ficava oculto por nuvens escuras durante dias e dias e, apesar de sua mãe continuar a cozinhar alegremente para a família e a se sentar com eles durante as refeições, ela não comia nem um pedacinho. Meu avô ficava agitado ao vê-la suportar tamanho sacrifício por tanto tempo. Foi provavelmente sua primeira experiência de empatia.

Uma tarde, ele se sentou à janela e rezou para que as nuvens se afastassem e deixassem o sol aparecer. De repente, um raio de sol surgiu e ele, todo animado, foi chamar a mãe. Mas, até ela interromper o que estava fazendo e chegar à janela, o sol desapareceu novamente atrás das nuvens de chuva. Ela sorriu e disse:

– Parece que Deus não quer que eu coma hoje.

Um voto como o da mãe de Bapuji pode parecer estranho

numa sociedade autocondescendente como a nossa, mas teve um impacto profundo em meu avô. Mais tarde, em nome de causas políticas, ele fez longos jejuns que atraíram a atenção de pessoas em todo o mundo. Esses jejuns só eram possíveis porque ele tinha praticado a determinação mental desde cedo. Quando eu estava no ashram, as segundas-feiras eram um dia de silêncio e muitas vezes ele adotava jejuns rápidos para disciplinar e controlar a própria mente e os próprios desejos. Todas essas escolhas surgiram do exemplo de sua mãe quando ele era um bebê. Anos depois, ele usou a força emocional que ela demonstrara para influenciar outras pessoas.

Nem sempre entendemos quão profundamente nossas atitudes afetam nossos filhos. Eles percebem nosso amor, assim como nossa distração, e assimilam as lições que ensinamos em nossas ações do dia a dia. Se você é pai ou mãe, que exemplos vão reaparecer na vida e nas experiências de seus filhos mais tarde? Ou, se *você apenas tem* pai e mãe, de que lições transmitidas pelos seus pais você deseja se libertar agora? Às vezes reproduzimos inadvertidamente a violência e a humilhação a que fomos submetidos quando crianças, uma herança nociva que precisa chegar ao fim. É preciso fazer um esforço consciente para educar nossos filhos de forma não violenta e dar esse presente a eles e ao mundo.

Bapuji e sua esposa tiveram quatro filhos. Meu pai, Manilal, era o segundo. Ele e seus irmãos mais novos, Davadas e Ramdas, se esforçaram para se igualar a meu avô e seguir sua propensão para a bondade e a generosidade. Mas o mais velho, Harilal, se rebelou desde muito jovem e nunca superou os próprios problemas.

Depois de adulto, ele se tornou alcoólatra e foi acusado de roubo e desfalque. Meu avô se culpava pelas falhas do filho e queria ajudá-lo. Mas se penitenciar pelas ações de um filho (como meu pai fez quando menti sobre o carro) só funciona quando o filho está disposto a ouvir e se regenerar. Harilal não tinha essa intenção. Bapuji tentou fazer com que Harilal voltasse para casa, mas o filho pródigo não estava interessado em voltar para o seio da família. Ele passou anos sem nada, morando na rua, e desdenhava de tudo o que vovô fazia. Parecia que tinha devotado a vida a manchar o nome de Gandhi.

A certa altura, Harilal foi a uma mesquita em Déli e fez um grande espetáculo ao se converter do hinduísmo para o islã. Meu avô aceitava todas as religiões, então a conversão do filho à religião muçulmana não o teria magoado. Mas a verdade é que Harilal não se importava com religião nenhuma e fizera aquilo apenas pelo dinheiro. Por conta das tensões religiosas da época, algumas pessoas achavam que poderiam constranger Bapuji através do filho; Harilal tinha basicamente se vendido pela maior oferta. "Devo confessar que isso me machucou", escreveu Bapuji em uma carta. Ele acreditava que a religião devia vir de um coração puro e ficou aborrecido que seu filho degradasse a busca da bondade e da verdade por mera rebeldia infantil.

Harilal fora criado com a mesma bondade, o mesmo amor, as mesmas orientações morais que meus avós deram a meu pai e a seus irmãos. Portanto, não importa quantas vezes eu analise essa história, não consigo ver como Bapuji poderia ser o culpado pelas falhas de Harilal. Quando os pais fazem tudo a seu alcance e os problemas persistem, eles têm que se perdoar. A natureza às vezes cria um temperamento negativo, independentemente da maneira zelosa e honrada com que criamos nossos filhos.

Ter uma habilidade prática pode ser importante, mas é igualmente importante ter uma compreensão mais profunda do mundo. Quando Bapuji educava as crianças do ashram, inclusive eu, seu objetivo era transmitir sabedoria, não apenas fatos. Ele acreditava que uma boa educação ajuda você a lidar com os relacionamentos e as emoções e ensina a construir uma sociedade cooperativa, não competitiva. Desde a época em que ele transmitia sua sabedoria para mim, alguns psicólogos e educadores passaram a adotar sua forma de pensar e agora falam da necessidade de desenvolver a "inteligência emocional".

Bapuji uma vez me contou uma história de um dos livros sagrados indianos sobre um rei que tinha enviado seu filho único para o mundo, para que ele obtivesse educação. Quando voltou, o garoto estava certo de que sabia tudo e que era mais sábio do que as outras pessoas. Mas o rei não tinha tanta certeza.

– Você aprendeu a conhecer o que é desconhecido e a sondar o insondável? – perguntou o rei.

– Não, isso não é possível – replicou o filho.

O rei pediu que ele fosse à cozinha e pegasse um figo. Quando ele voltou com a fruta, o rei a cortou ao meio. Ambos olharam para as muitas sementes do figo.

– Corte uma dessas sementes ao meio e me diga o que encontrou – pediu o rei.

O garoto tentou cortar a semente, mas ela era tão pequena que escorregava.

– Não há nada aqui – disse.

O rei assentiu com a cabeça, concordando.

– Do que você considera nada, nasce uma árvore imensa. Esse "nada" é a semente da vida. Quando você aprender o que esse nada é, sua educação estará completa.

Bapuji tinha uma paciência infinita e levava o tempo necessário para ensinar a mim e ao mundo as lições que precisávamos aprender. Permanecia calmo diante das reviravoltas e confusões, pois queria entender os grandes mistérios do mundo. Ele sabia que mesmo a menor semente de figo plantada no solo adequado podia proporcionar algo grandioso.

Não podemos desperdiçar a oportunidade de entender o mundo e de procurar as grandes verdades que estão além do que podemos ver e entender.

• LIÇÃO OITO •

Humildade é força

Muitas pessoas iam visitar meu avô no ashram de Sevagram. Um dia, apareceu um jovem que tinha acabado de chegar da Inglaterra com um diploma de doutor pela London School of Economics. Shriman era inteligente, sagaz e estava ávido por transformar a economia indiana. Seu pai era um industrial renomado. Tanto ele quanto a mãe do rapaz eram amigos de meu avô e o tinham em grande conta. Os dois sugeriram que, antes de fazer qualquer coisa, o filho fosse pedir a bênção a Gandhi.

Então Shriman foi a Sevagram. Por quase meia hora ele se vangloriou de suas conquistas e explicou como ia mudar a economia do país. Bapuji ouviu pacientemente.

– Agora, por favor, me dê a sua bênção para que eu possa começar o trabalho – disse Shriman por fim.

– Você terá que fazer por merecer minha bênção – respondeu Bapuji.

– O que você quer que eu faça?

– Junte-se a nós e limpe os banheiros do ashram.

Shriman ficou horrorizado.

– Eu tenho um PhD da London School of Economics e você quer que eu perca o meu tempo limpando banheiros?

– Sim, se você quiser a minha bênção – explicou Bapuji com tranquilidade.

Shriman saiu da sala, incrédulo. Passou a noite e a manhã seguinte no ashram e participou, ainda que relutante, da limpeza dos baldes dos banheiros com as outras pessoas. Então se limpou o máximo que pôde e voltou para se encontrar com Bapuji.

– Fiz o que você pediu. Agora me dê a sua bênção.

– Não tão rápido – disse meu avô sorrindo. – Você terá a minha bênção quando eu estiver convencido de que você limpou os banheiros com o mesmo entusiasmo com que quer mudar a economia do país.

Bapuji não estava se fazendo de difícil. Ele percebeu que Shriman se considerava muito importante e sabia que isso atrapalharia seus planos de promover mudanças reais. Se você tem um ego grande, é mais difícil demonstrar respeito e compaixão em relação às pessoas e é mais fácil aceitar distinções de classe e de casta. Quando você tem convicção de que está certo, não consegue enxergar o ponto de vista do outro. Meu avô achava que, para ajudar os pobres, era preciso viver como eles, de modo a entender suas necessidades. Portanto a vida no ashram era tão simples quanto a da população mais pobre do país – os chamados "intocáveis", membros da casta mais baixa da Índia que realizavam os serviços mais humildes, como limpar latrinas e transportar os resíduos. Bapuji sentia que, se Shriman queria transformar a economia de uma forma que ajudasse todo mundo, ele precisava entender a vida de todos.

Mesmo quando estava em meio a negociações sobre o futuro da Índia que mudaram o mundo, Bapuji mantinha a humildade. Ele não a considerava um sinal de fraqueza ou de submissão. Muito pelo contrário. Ele via o dano e a discórdia que a arrogância podia causar. Acreditar que somos melhores do que os outros leva à raiva e à violência, nos deixando cegos para o fato de que todos estamos intimamente conectados. Quando não é humilde, você despreza quem está passando por dificuldades e desdenha dos refugiados por não conseguir ver que a sua posição na vida pode um dia estar tão complicada quanto a deles. Ninguém é melhor do que quem está tentando escapar de uma guerra ou de uma revolta política – apenas teve mais sorte. Agora, em meio a tanta rivalidade entre pessoas de diferentes etnias, classes, religiões e (cada vez mais) posições políticas, podemos nos beneficiar da insistência de Bapuji na questão da humildade.

Algumas pessoas tentam mostrar que são humildes e humanas sugerindo que precisamos ensinar "tolerância" uns aos outros. Isso, na minha opinião, é abordar o problema de um ângulo errado. O que pode ser mais condescendente do que "tolerar" alguém? A palavra já mostra que você implicitamente se considera mais merecedor do que o outro, porém se digna a aceitá-lo. Acho que Bapuji diria que a tolerância não apenas é inadequada como nos aliena mais ainda uns dos outros. Não podemos nos livrar da responsabilidade de entender quem tem um histórico diferente do nosso e de sermos humildes o suficiente para aceitar e apreciar as diferenças.

Muitos se surpreenderam com a eleição presidencial americana de 2016 pelo nível de veneno e ódio cuspidos por um dos candidatos. Sua campanha se baseou no insulto às pessoas e na tentativa de convencer seus apoiadores de que eles também podiam ser melhores do que os "outros". Suas bravatas me lembram outros ditadores insignificantes do mundo que não têm soluções reais para os problemas de seu povo e vivem na câmara de eco da própria presunção arrogante. Não se trata de algo novo. Valentões arrogantes vêm causando danos e confusões ao longo de toda a história. Bapuji teve que lidar com muitos deles. Ele acreditava que aqueles que gritam mais alto geralmente são os que menos têm a dizer.

– Tambores vazios fazem mais barulho – disse uma vez, sorrindo.

Quem tem ideias de verdade, soluções e integridade não precisa bater tambor para ser ouvido.

Na minha estada no ashram de Sevagram, Bapuji estava envolvido na luta pela independência da Índia das mãos dos britânicos. Ele se opunha ao acordo que dividia o país e criava o Paquistão como um país separado para os muçulmanos, pois as famílias hindus e muçulmanas que viviam lado a lado seriam deslocadas. Era provável que mais violência resultasse daí. Ele também buscava direitos iguais para as mulheres e para os intocáveis, que ficavam segregados em aldeias fora das cidades e eram proibidos de frequentar templos e escolas. Muitos líderes políticos alegaram que a luta por direitos iguais era uma distração, que poderiam cuidar disso depois que a Índia se tornasse independente. Mas ele insistia que a liberação de todos não podia esperar. Com sua profunda humildade, sabia que qualquer tipo de discriminação é um ataque à nossa humanidade compartilhada.

Quando analisamos uma cultura diferente e vemos a opressão de pessoas, imediatamente entendemos como isso é errado. Os americanos sempre ficam perplexos diante da ideia de existirem intocáveis indianos. Por que as castas superiores da época achavam que seriam contaminadas se permitissem que os intocáveis retirassem água do mesmo poço que elas? Então eu delicadamente os relembro das placas de "apenas brancos" que existiram durante anos nos Estados Unidos em banheiros públicos, bebedouros e piscinas. Por que temos essas preocupações? Talvez seja a nossa arrogância nos dizendo que somos melhores do que os outros. Ou talvez tenhamos o pressentimento secreto de que na verdade *não somos* nem um pouco melhores e, portanto, usamos essa separação forçada para alimentar nosso ego e nossa pretensão.

Meu avô entendeu que a vida e o destino de cada um de nós estão interconectados e que precisamos ser humildes para reconhecer a verdade de nossa interdependência. Ele deu vida a essa lição um dia quando me pediu que levasse a roda de fiar ao seu quarto. Entrei e me instalei, feliz, na expectativa de outra sessão de conversa e tecelagem. Em vez disso ele pediu que eu desmontasse a roca. Fiquei perplexo, mas desmontei a roda e espalhei as peças ao meu redor. Àquela altura eu já deveria saber que Bapuji sempre tinha um motivo por trás de seus pedidos. Então ele sugeriu que eu fiasse um pouco de algodão.

– Como posso fazer isso? A roca está desmontada.

– Muito bem, monte-a novamente.

Um pouco irritado com a perda de tempo, ocupei-me em remontar a roca. Quando estava quase terminando, ele se aproximou e pegou uma pequena mola que ficava encaixada embaixo da roda pequena. Ele a segurou, demonstrando que não tinha a intenção de devolvê-la.

– Não dá para montar sem essa mola – expliquei.

– Por que não? É só uma peça minúscula.

– Sim, mas preciso dela para a roda de fiar funcionar.

– Ah, ela é tão pequena. Não pode ser tão importante assim. – Ele fingiu estreitar os olhos para conseguir enxergar a peça em sua mão. – Certamente você pode fazer a roca funcionar sem ela.

– Não, não dá – falei com firmeza.

– Exatamente – disse Bapuji com alegria na voz.

Ele esperou que eu assimilasse a lição e continuou explicando:

– Cada peça é importante e contribui para o todo. Assim como esta pequena mola é necessária para fazer a roca funcionar corretamente, cada indivíduo é vital para a sociedade. Ninguém é dispensável ou desimportante. Nós trabalhamos em uníssono.

Cada peça é importante e contribui para o todo. Assim como esta pequena mola é necessária para fazer a roca funcionar corretamente, cada indivíduo é vital para a sociedade. Ninguém é dispensável ou desimportante. Nós trabalhamos em uníssono.

Assim como nas máquinas, na vida é necessário que cada peça funcione bem para que as engrenagens continuem girando de maneira harmoniosa. A lição de Bapuji poderia inclusive ser o segredo para o sucesso nos negócios. Nas grandes corporações, grandes líderes entendem que são apenas tão bons quanto as pessoas que trabalham para eles. Quando os executivos têm a humildade de tratar de maneira respeitosa os funcionários de qualquer nível e reconhecem o valor de cada um, a empresa tem mais chance de ser bem-sucedida. Recentemente, a grande cadeia varejista Walmart decidiu colocar isso em prática e aumentou os salários de todos os funcionários. A Walmart emprega mais pessoas do que quase todas as empresas privadas do mundo, então esse foi um passo ousado e caro. A empresa perdeu dinheiro a curto prazo, mas apostou que tratar melhor os trabalhadores resultaria em funcionários mais leais e esforçados. Os primeiros resultados foram inspiradores. As lojas começaram a funcionar melhor e os níveis de satisfação dos clientes dispararam.

Bapuji não teria ligado muito para o preço da ação da Walmart ou seus resultados, mas teria ficado satisfeito em saber que, nesse caso, a teoria econômica se alinhava a seus instintos humanitários. A pessoa que abastece as prateleiras numa loja é como a mola para a roda de fiar: o todo não pode funcionar sem ela. Tratá-la bem pode tornar toda a empresa mais bem-sucedida. Um executivo que tem a humildade de reconhecer o valor de cada funcionário fará mais sucesso do que o tipo arrogante que acha que o sucesso depende apenas das suas decisões entre as quatro paredes do escritório.

Numa escala maior, cometemos um grande erro quando demitimos grupos inteiros de pessoas por achar que elas não são tão importantes quanto nós. Mesmo antes da tragédia do 11 de Setembro, o mundo já estava abalado com alguns jovens muçulmanos dispostos a se tornarem homens-bomba. Sem respeito nem consideração pela própria vida, essas pessoas estão determinadas a se matar pelo que (equivocadamente) consideram uma causa importante. Muita gente fica pasma com essa atitude, tão estranha à nossa compreensão do valor da vida. Mas é possível que a sociedade, que os ignora e permite que vivam na pobreza, sem esperanças, tenha transmitido a esses jovens a mensagem de que a vida deles não é importante. Isso não justifica suas terríveis ações, porém serve como um lembrete de que, quando as pessoas são descartadas como desimportantes, elas podem encontrar formas perigosas de demonstrar o seu valor. Se não conseguem contribuir para fazer as engrenagens girarem, corre-se o risco de que decidam destruí-la. A violência em alguns dos piores bairros dos Estados Unidos tem uma origem parecida. Quando ignoramos ou desprezamos determinados grupos étnicos ou religiosos e dizemos a essas pessoas que a vida delas tem pouca importância para nós, estamos ensinando a elas que seu único poder é reagir com violência.

Na época de Bapuji e na nossa, as maiores tragédias humanas podem ser atribuídas à falta de humildade e às enormes desigualdades que resultam disso. As guerras são causadas por líderes arrogantes movidos pelo ego, interessados apenas em ampliar seu poder e suprimir ou conquistar o dos outros. O terrorismo é cometido por pessoas que se sentem abandonadas e esquecidas. O movimento que surgiu depois de uma onda de pessoas negras mortas por policiais nos Estados Unidos foi chamado de *Black Lives Matter* (Vidas negras importam) – e o nome fala por si. As pessoas querem saber que são importantes. E nós reiteradamente esquecemos, ou nos recusamos a aceitar, que todos importam – mulheres, intocáveis, muçulmanos, hindus, sunitas, xiitas, judeus, cristãos, imigrantes, refugiados. Precisamos parar de ser a criança no parquinho que se vangloria dizendo: "Sou melhor do que você!" É necessário entender como parecemos imaturos e tolos quando adotamos essa postura. Bapuji insistia que não devemos ficar satisfeitos em saber que a maioria das pessoas desfruta uma vida boa – precisamos nos esforçar para que *todos* desfrutem dos benefícios do progresso.

Meu avô começou a pensar na questão da humildade muito cedo. Quando criança, ele não conseguia entender por que não tinha permissão para brincar com o filho do homem que tirava o lixo da família – o trabalho desse homem tornava toda a sua família "intocável". Enquanto crescia, percebeu como o poder colonial britânico oprimia a população indiana e depois sentiu na pele o preconceito descarado contra quem não era branco na África do Sul. Entendeu que a discriminação ocorre quando um grupo se convence de que é melhor do que outro e, portanto, não precisa tratá-lo com dignidade. Ele acreditava que o antídoto para isso era uma grande dose de humildade.

No início de seus esforços para conseguir um tratamento justo para os indianos na África do Sul, Bapuji teve uma reunião com o funcionário do governo que havia sido indicado para lidar com a questão indiana. Meu avô disse a ele que os indianos não eram o problema que os sul-africanos pintavam. Na realidade, eram pessoas frugais e trabalhadoras que contribuíam muito para a sociedade. O funcionário lhe respondeu que concordava e era solidário, mas acrescentou que Bapuji precisava entender que a questão da discriminação tinha uma razão diferente:

– Não são os vícios dos indianos que os europeus neste país temem, mas suas virtudes.

Essa foi uma lição importante. Quando oprimimos as pessoas e lhes negamos seus direitos, seja mulheres, minorias ou imigrantes, estamos escolhendo não enxergar o valor delas. Ao desprezá-las, nos sentimos mais fortes – embora se trate de uma força ilusória. Se somos confiantes, valorizamos os talentos e as habilidades das outras pessoas e queremos encorajá-las quando elas estão por cima e ajudá-las quando estão por baixo.

Bapuji cultivava a humildade e demonstrou sua verdadeira força quando trabalhou como voluntário no hospital para os pobres, em Durban, na África do Sul. Ele cuidava e tomava conta dos doentes, ajudando pessoas que, de outra forma, teriam sido ignoradas. Como a Guerra dos Bôeres foi deflagrada nessa época, Bapuji usou o que aprendera no hospital para organizar uma unidade militar de ambulâncias. Ele reuniu mais de mil voluntários indianos, muitos deles trabalhadores por contrato, e organizou um treinamento rápido para que pudessem atender os feridos. O solo rochoso onde grande parte da luta aconteceu era muito irregular para os veículos da época, então Bapuji e sua equipe de voluntários colocavam os feridos em macas e os carregavam para o hospital de campanha. Muitas vezes eles andavam 30 quilômetros ou mais sob um sol abrasador. Quando a guerra acabou, a unidade foi elogiada por sua bravura e os ingleses condecoraram meu avô com uma medalha.

Bapuji ficou surpreso com a desumanidade que a guerra suscita. Durante a Guerra Anglo-Zulu, que acontecera antes, ele viu os ingleses massacrando os nativos zulus, que eram mais numerosos. "Foi como se eles estivessem caçando por troféus", diria mais tarde. Os soldados ingleses armados e a cavalo atiravam nos nativos que lutavam a pé, com lanças e bastões. Bapuji ficou horrorizado com a arrogância do poder e como ele pode revelar o que as pessoas têm de pior. No comando da unidade de ambulâncias, ele socorreu os zulus feridos, além dos ingleses, insistindo que todos deveriam ser tratados com respeito.

As experiências de Bapuji com a guerra o convenceram de que as sociedades cometem um grande erro quando aceitam a cultura da violência como forma de estabelecer o controle e a autoridade. A verdadeira riqueza não vem do dinheiro ou da dominação, mas do reconhecimento de que todas as pessoas são dignas.

– O bem do indivíduo está contido no bem de todos – afirmou.

Para ele, grande parte da violência em todo o mundo é resultado do que chamava de Sete Pecados Sociais:

Riqueza sem trabalho
Prazer sem consciência
Comércio sem moral
Ciência sem humanidade
Conhecimento sem caráter
Devoção sem sacrifício (não de animais, mas de riqueza)
Política sem princípios

Recentemente, acrescentei um oitavo:

Direitos sem responsabilidades

Quando entendemos que toda vida importa, podemos usar isso para criar uma mudança que seja boa para todo mundo. Um educador indiano chamado Bunker Roy, que admiro muito, frequentou as melhores escolas da Índia e foi campeão nacional de squash durante três anos.

– O mundo inteiro estava à minha disposição. Tudo estava aos meus pés – admitiu.

Mas, em vez de usar sua formação cara e elitista para se tornar médico ou diplomata, como seus pais queriam, ele decidiu viver num vilarejo pobre e perfurar poços. Roy chegou a esse vilarejo com muita humildade. Não tentou ensinar aos mais velhos. Na verdade, queria aprender com eles. E, assim, deu início ao que se tornou conhecido como a Universidade dos Pés Descalços (*Barefoot College*), que usa as habilidades que as pessoas já têm para que novas ideias e possibilidades possam surgir.

Roy baseou sua abordagem nos princípios que meu avô ensinava: igualdade e humildade. Como no ashram de Bapuji, ele encorajava as pessoas a irem até o vilarejo para aproveitar o desafio e a oportunidade de aprender – não pelo dinheiro. De início, as pessoas comiam, dormiam e trabalhavam no chão. Em vez de dizer aos pobres o que eles *deviam* aprender, ele decidiu se concentrar no que eles já sabiam e consideravam importante. Ler e escrever não estavam no topo da lista deles – mas ter eletricidade e bombas d'água, sim. Com isso, ele começou a ensinar mulheres pobres e analfabetas a trabalhar com engenharia de energia solar. O sucesso delas foi fenomenal. Em poucas semanas, sem livros didáticos nem manuais, elas aprenderam a produzir energia solar para iluminar todo o vilarejo. As mulheres da Universidade dos Pés Descalços levaram eletricidade a cidades e vilarejos de toda a Índia. Governos de outros lugares, que viram os resultados inacreditáveis, também pediram sua ajuda e Roy levou a técnica para o Afeganistão e muitos países da África. Ele gosta de relatar que, hoje, avós analfabetas estão levando a energia solar para países como Serra Leoa e Gâmbia, entre outros.

Quando Roy foi para aquele primeiro vilarejo, os idosos imaginaram que ele estivesse fugindo da lei ou tentando esquecer um passado de fracassos. Ele teve dificuldade para explicar que acreditava que as pessoas pobres desenvolvem as próprias habilidades, que precisam apenas ser reconhecidas. Como a maior parte das mulheres da universidade era analfabeta e falava diversos idiomas, ele não se preocupava com palestras ou conversas. Preferia usar a linguagem de sinais e fantoches para ensinar. Roy costuma dizer em tom de brincadeira que os fantoches são feitos com o papel reciclado dos relatórios do Banco Mundial. Em outras palavras: o que as grandes mentes e instituições produzem nem sempre é melhor do que o que é desenvolvido por pessoas comuns. Ele administra a única universidade da Índia que não contrata professores com título de mestrado ou PhD. E depende apenas do conhecimento que vem de pessoas que trabalham com as próprias mãos e entendem a dignidade do trabalho braçal.

É preciso ter grande humildade para admitir que, mesmo tendo frequentado as escolas mais caras, você tem o que aprender com uma idosa que vive na miséria e não sabe ler. Roy gosta de citar meu avô: "Primeiro eles ignoram você, depois riem de você, depois lutam contra você e, então, você vence." Ele venceu ao seguir os princípios da igualdade e da tomada coletiva de decisões. É comum que estranhos bem-intencionados apareçam em vilarejos pobres com seus projetos de mudança prontos de antemão. Roy teve a humildade de reconhecer o conhecimento e as habilidades que as pessoas já tinham e ajudá-las a desenvolvê-los ainda mais. Ele lhes levou uma tecnologia que elas podem usar e controlar.

Primeiro eles ignoram você, depois riem de você, depois lutam contra você e, então, você vence.

O sucesso da Universidade dos Pés Descalços prova que os ideais de humildade de meu avô e seu espírito de serviço ainda podem trazer grandes mudanças para o mundo. É também um lembrete de que podemos alcançar objetivos grandiosos quando olhamos para o mundo sem arrogância.

Meu avô tinha uma visão honesta de si mesmo. Por mais especial que tenha sido em trazer mudanças para o mundo, ele não achava que possuía algum dom especial.

– Não tenho a menor dúvida de que qualquer homem ou mulher pode conquistar o que conquistei se ele ou ela fizer o mesmo esforço e cultivar a mesma esperança e fé – disse ele.

É fácil *dizer* que apreciamos o valor de todos, mas é muito mais difícil colocar esse discurso em prática. Na maior parte do tempo, não temos dúvida de que estamos certos e nossas escolhas são as corretas – o que significa que os outros estão errados. Os psicólogos descobriram que, em vez de reunir informações e então tomar uma decisão, a maior parte das pessoas forma uma opinião intuitiva e depois procura os fatos para apoiá-la. Fazemos isso de maneira inconsciente em questões grandes e pequenas. Por exemplo, se você está querendo comprar um carro novo, é provável que primeiro escolha um modelo de sua preferência e depois procure encontrar avaliações que confirmem que aquele é o melhor. Fazemos isso nas eleições também. Em vez de analisar cuidadosamente os fatos, costumamos escolher um candidato ou candidata e depois direcionamos o foco para as histórias positivas sobre ele ou ela, ignorando as negativas.

Já passei pela experiência de tomar uma decisão e ter certeza de que estava certo para, só então, descobrir que a verdadeira humildade exigiria que eu também visse o outro lado. Em 1982, Richard Attenborough dirigiu o filme *Gandhi*, baseado na vida de meu avô. Quando ouvi falar pela primeira vez que o filme estava sendo produzido, fiquei bastante apreensivo. Attenborough decidiu não consultar nenhum membro da família. Então fiquei sabendo que o governo indiano tinha investido 25 milhões de dólares no filme – fiquei horrorizado. Escrevi uma coluna no *Times of India* criticando o governo e assegurando que meu avô teria preferido que aquele dinheiro fosse usado para ajudar os pobres. Vinte e cinco milhões de dólares poderiam ter um impacto imenso na vida das pessoas, não deviam ser desperdiçados num filme.

Um pouco antes do lançamento de *Gandhi*, fui convidado para uma exibição de pré-estreia. Eu me sentei no lugar marcado, nervoso, e quase imediatamente fui levado às lágrimas. O filme tinha algumas imprecisões, mas capturou o espírito de vovô de maneira brilhante. Na abertura, uma declaração reconhecia que, apesar de não ter conseguido capturar todos os acontecimentos, o filme tentava "ser fiel em espírito aos registros e... ao coração do homem". Ele conseguiu. Fui para casa e escrevi uma coluna retirando as críticas e admitindo que só tinha admiração e elogios ao filme. Ao retratar meu avô, o ator Ben Kingsley levara a mensagem da não violência de Bapuji para milhões de pessoas que, de outra forma, nunca a teriam ouvido. *Gandhi* ganhou oito estatuetas do Oscar, inclusive a de melhor filme. Kingsley e Attenborough também ganharam suas merecidas estatuetas.

E eu recebi uma lição importante sobre humildade.

Bapuji queria se livrar dos rótulos que usamos para descrever uns aos outros e das distinções de gênero, nacionalidade e religião. Ele tinha medo que o patriotismo fosse usado como forma de protegermos nosso próprio canto do mundo sem levar em conta os dos outros. Quando nos fechamos em grupos rígidos, estamos dizendo que nossa forma de enxergar o mundo é melhor do que todas as outras e que preferimos nos isolar a conhecer ou ouvir outros modos de pensar. Trata-se de um caminho que só traz discórdia e violência. A abordagem não violenta vem acompanhada de uma postura de humildade que nos torna capazes de dizer que respeitamos as perspectivas e as paixões dos outros, mesmo que sejam diferentes das nossas.

Abrir mão dos rótulos e acolher outros pontos de vista nem sempre é fácil, mas os resultados podem ser poderosos. Há pouco tempo, um professor de Rochester, Nova York, me pediu que fizesse uma palestra sobre não violência. Falei aos estudantes sobre a abordagem de meu avô e sua crença de que tratar as pessoas com amor, respeito e dignidade podia transformar grande parte da raiva e do desespero que enfrentamos. Depois que saí, o professor pediu que os alunos criassem um projeto usando a mensagem de Bapuji em seu cotidiano. Voltei no mês seguinte para ver o que eles tinham feito. Uma garota gordinha explicou que o peso dela a tornava alvo de piadas maldosas e que sempre sofria bullying. Ela costumava reagir com raiva, xingando a pessoa que a agredira. Depois de conhecer a abordagem do meu avô, ela decidiu ver como funcionaria se ela reagisse com amor. Passou então a responder com palavras gentis sempre que implicavam com ela e, assim, desarmou os valentões, que ficaram sem saber o que fazer. Ela até fundou um clube, o Corações de Diamante, e convidou outros colegas da escola que quisessem resolver seus conflitos por meio do amor.

Fiquei muito impressionado com o projeto: ela havia chegado à verdade fundamental de que quem faz bullying não é tão forte quanto finge ser e apenas ataca alguém mais fraco para poder se sentir importante. A técnica dessa jovem permitiu que os valentões deixassem a raiva de lado e se sentissem acolhidos. O orgulho dela contribuiu para o orgulho deles. Em vez de xingar, gritar e brigar para estar no alto de uma escada imaginária, eles agora podiam se sentir bem, sendo todos iguais em respeito e amor.

Bapuji tinha a forte convicção de que deve haver justiça e respeito em qualquer sociedade civilizada. Ele aceitava que talvez não haja igualdade econômica total, mas as enormes disparidades financeiras que existem hoje não podem existir. Quando membros bem-sucedidos da sociedade vivem em mansões protegidas por grades e se isolam da dor e da agonia dos outros, o desequilíbrio só pode levar a problemas. Todo mundo gosta de ser reconhecido por suas conquistas, mas a verdade é que ninguém alcança o sucesso sozinho. Precisamos da humildade para reconhecer e valorizar as contribuições dos outros para a nossa prosperidade.

Um conhecido meu, chamado Rajendra Singh, se formou em medicina e montou um consultório na pequena cidade de Sariska, em uma das regiões mais áridas da Índia. Depois de algumas semanas trabalhando, um idoso lhe disse que os moradores precisavam muito mais de água do que de medicina e educação. Ele convidou o médico a caminhar com ele e lhe mostrou todas as fendas na superfície rochosa da cadeia de montanhas.

– A pouca chuva que temos entra por essas frestas e desaparece – explicou o idoso, compartilhando um pouco de sua sabedoria sobre como captar água cavando pequenos lagos para armazenamento.

O Dr. Singh achou que a ideia fazia todo o sentido, então sugeriu que o homem liderasse um projeto.

– Sou velho demais e os moradores me consideram um excêntrico – afirmou o homem. – Mas você tem um diploma, eles vão ouvi-lo.

Seguindo o espírito de meu avô, o Dr. Singh decidiu liderar pelo exemplo. Construiu alguns lagos para captação da água em seu terreno e, quando a chuva veio, os lagos se encheram e a terra árida ao redor começou a absorver a água. Os moradores da cidade ficaram impressionados e perguntaram ao médico se ele poderia ajudá-los a cavar mais lagos. Logo a terra árida se tornou fértil novamente e o fluxo de água levou vida nova à comunidade.

O Dr. Singh começou então a ajudar outras comunidades na captação de água. Ele já havia transformado mais de 1.000 quilômetros quadrados de terra árida em um paraíso agrícola. Singh destacou que não precisou inventar uma nova tecnologia ou lançar um projeto multimilionário. Ele basicamente se baseou no conhecimento que já existia na comunidade. Ver como a água pode transformar uma área o lembrou de como o "fluxo" é essencial em nossas vidas. Como indivíduos, nós florescemos e nos desenvolvemos quando estamos conectados, quando somos parte do fluxo de uma comunidade maior.

A humildade que nos permite apreciar uns aos outros torna o mundo mais forte e positivo – e traz mais resiliência a cada um de nós. Quando o presidente Barack Obama estava terminando seu segundo mandato, falou sobre as diversas pessoas que tinham participado de suas realizações. Ele nos advertiu que olhássemos para nós mesmos como "um agrupamento de tribos que nunca se entendem" e recomendou que reconhecêssemos "uma humanidade em comum que nos faça encontrar, aprender [com] e amar uns aos outros". Meu avô teria concordado totalmente.

Com todo o conhecimento e a tecnologia de que dispomos hoje, precisamos ser humildes o suficiente para entender que nossa educação pode continuar pela vida inteira. Astrofísicos que lideram pesquisas de ponta recentemente estimaram que conhecemos apenas 5% do universo. Restam 95% para explorar. Nossas descobertas virão de muitas fontes. Precisamos ser humildes para confiar tanto em moradores de vilarejos quanto nos grandes pensadores e ampliar nossa visão de mundo. Como dizia meu avô: "Deixe a brisa do conhecimento entrar por todas as janelas abertas."

Deixe a brisa do conhecimento entrar
por todas as janelas abertas.

• LIÇÃO NOVE •

Os cinco pilares da não violência

A grande maioria de nós pensa que as pessoas importantes são sérias e imponentes, mas a imagem que tenho de meu avô é a de um homem divertido e tranquilo que gostava de relaxar e fazer brincadeiras. À noite, no ashram, ele apreciava sair para caminhar alguns quilômetros e eu quase sempre o acompanhava. Meu avô tinha apenas 1,65 metro de altura, sendo que eu, aos 14 anos, já era bem mais alto. Ele costumava colocar um braço sobre meus ombros e o outro sobre os ombros de um jovem discípulo que nos acompanhava; nos chamava de "cajados". Ele às vezes balançava as pernas, suspendendo-as do chão quando menos esperávamos, usando nossos ombros de apoio como uma criança balançada pelos pais e gritando, feliz: "Eeeee!!!!" Quando perdíamos o equilíbrio por conta da surpresa, ele ria e reclamava:

– Vocês não estão prestando atenção!

O senso de humor saudável de Bapuji fazia dele uma pessoa simples e ele usava sua sagacidade natural para convencer a todos de que não era muito diferente de ninguém. À medida que ele envelhecia, as pessoas iam se concentrando apenas em suas qualidades nobres e presumiam que ele era um santo desde que nascera, mas meu avô nunca afirmou que tivesse nascido com quaisquer talentos especiais e sempre me lembrava de sua origem humilde. Ele alcançara sua grandeza com determinação e compromisso e estava convencido de que todo mundo pode mudar para melhor se quiser.

Bapuji costumava usar os jejuns como bandeira política, mas, durante a juventude, quando ainda não tinha começado a tornar a vida mais simples, usava a comida com um propósito bem diferente. Ele adorava comer e um de seus pratos prediletos era um pão doce indiano chamado *puran poli*. Um dia, na África do Sul, ele e minha avó, a quem chamava de Ba, convidaram alguns amigos para almoçar. Atraído pelo cheiro delicioso, Bapuji entrou na cozinha quando Ba estava preparando o almoço. Ele ficou encantado ao vê-la fazendo seu pão predileto, mas falou, preocupado:

– Acho que não vai dar para todos os convidados.

– Será suficiente – respondeu ela, tranquila.

– Mas eu poderia comer tudo isso sozinho! – insistiu Bapuji.

– Não poderia, não – retrucou minha avó, balançando a cabeça.

– Você está me desafiando? – perguntou ele dando uma piscadela. – Vá em frente, faça todo o pão que tiver e vamos ver quem está certo.

Minha avó assou então 18 *puran poli*, cada um do tamanho de uma panqueca grande. Ela os serviu para meu avô, que comeu, sorrindo, um após outro até acabar. Ba teve que reconhecer a derrota.

Ao longo dos anos, Bapuji foi abrindo mão de seu adorado *puran poli* (talvez 18 pães tenham sido suficientes para a vida toda!) e de muitos outros pratos à medida que seu estilo de vida ficava cada vez mais simples. Na época em que morei com ele no ashram, sua alimentação era totalmente insossa, sem sal nem temperos. Uma vez pedi a Abha, que cozinhava as refeições dele, que me deixasse provar o que havia preparado para ele.

– Você não vai gostar – avisou ela. – É totalmente sem gosto.

Era um ensopado de legumes e verduras com leite de cabra. Peguei uma colherada da mistura e quase não consegui engolir.

Logo depois, quando encontrei Bapuji, perguntei por que ele se obrigava a comer refeições tão pouco inspiradoras.

– Eu como para viver, não vivo para comer – respondeu ele com um sorriso.

Eu já disse que Bapuji não era perfeito, mas talvez tivesse ido longe demais com sua simplicidade. No entanto, isso funcionava como seu argumento de que, se aprendemos a viver de forma simples, podemos ajudar os outros a simplesmente viver.

Bapuji acreditava na força da transformação pessoal. Muitas vezes isso exige um grande esforço e outras vezes precisamos apenas de um empurrãozinho. Ele acreditava que as pequenas ações podem se transformar em algo bem maior. Como sempre, não me deu nenhuma lição de moral sobre isso. Deixou que eu aprendesse sozinho a partir do exemplo dele e das histórias que contava.

Certa noite, quando estávamos confortavelmente sentados com nossas rodas de fiar, ele contou a história de um jovem irremediavelmente desorganizado que morava sozinho num pequeno apartamento. O homem nunca limpava a casa nem fazia as tarefas domésticas. Havia sujeira por toda parte.

– A pia da cozinha dele estava transbordando de louça suja – contou Bapuji, os olhos brilhando. – Não apenas transbordando, mas com uma pilha que chegava ao teto.

O homem sabia que sua casa era uma pocilga, mas imaginava que, se não convidasse ninguém, ninguém ficaria sabendo.

Um dia, no trabalho, conheceu uma mulher e se apaixonou por ela. Ele a levava para sair, mas nunca a seu apartamento. Eles passeavam no parque e conversavam à beira do rio e, em certa ocasião, ela colheu uma linda rosa e deu a ele.

Era um presente de amor e mesmo esse homem, que se permitia viver na imundície, sabia que a rosa precisava ser preservada com dignidade. Ele levou a rosa para casa e, depois de procurar entre a louça suja, encontrou um vaso. Lavou o vaso e o encheu de água fresca para colocar a rosa. Agora ele precisava de um lugar para colocar o vaso, então limpou a mesa da sala de jantar. O vaso ficou bacana lá, mas ele achou que ficaria ainda melhor se o restante da sala estivesse arrumado, então ajeitou as coisas e encerou o chão. Depois lavou a louça. A reação em cadeia de limpeza continuou até que toda a casa ficou arrumada e limpa. Ele queria que tudo ao seu redor estivesse tão lindo quanto aquela rosa. O pequeno gesto de amor da mulher acabou transformando a vida dele.

Mesmo sendo um adolescente desajeitado, fiquei comovido com essa história de amor. Todo mundo tem imperfeições, mas um simples gesto de ternura pode nos fazer sentir aceitos e nos ajudar a ser uma versão melhor de nós mesmos. Sentado com a roda de fiar, eu disse a mim mesmo de maneira intensa que, assim que alguém me amasse, eu faria de tudo para ser digno daquele amor. (E que manteria a casa limpa também.)

Bapuji concordava que o amor pode ser muito poderoso, mas não era apenas um romântico. Ele tinha mais um motivo para contar essa história. Queria que eu e todos nós *fôssemos* as rosas no mundo. Cada um de nós pode oferecer a pitada de alegria e esperança capaz de levar as pessoas a quererem ser melhores. Um exemplo vívido de amor, esperança ou verdade pode fazer todo o resto parecer sombrio em comparação. Uma vez que esse contraste é estabelecido, as pessoas à nossa volta têm uma visão mais clara das próprias possibilidades. Elas podem fazer parte do lado sombrio ou ser mais uma rosa no vaso. Quando você é bondoso, faz todo mundo ao seu redor querer ser melhor do que já é.

Outro ponto sobre a história: nosso solteirão desleixado limpou tudo sem que ninguém precisasse criticá-lo. Não precisou ouvir que o que estava fazendo era errado – ele já sabia disso. Apenas precisava de um exemplo e de uma inspiração que o fizessem ter mais prazer em lavar a louça do que em deixá-la na pia. Se a mulher que lhe deu a rosa houvesse reclamado de seus péssimos hábitos, talvez ele nunca tivesse mudado. Nós reagimos melhor a incentivos positivos do que a negativos. Dizer a um colega, amigo ou familiar que ele fracassou ou que não está à altura de alguma coisa costuma levar a um resultado contrário ao desejado. As pessoas ficam na defensiva e se revoltam quando são atacadas. Mas encontrar algo digno de elogio e admiração promove os comportamentos que você aprecia e espera encorajar.

O exemplo dado pela natureza generosa e pelo comportamento afetuoso de Bapuji provavelmente desempenhou um papel tão grande para provocar uma mudança na Índia quanto qualquer coisa que ele tenha dito ou escrito. Uma natureza positiva é uma das dádivas mais poderosas que podemos oferecer a nós mesmos e aos outros. Os psicólogos estão descobrindo que quando expressamos emoções como amor, gratidão e generosidade, aumentamos muito nossa sensação de bem-estar. Isso pode até ter efeitos positivos sobre a nossa saúde, baixando a pressão arterial, diminuindo o estresse e melhorando o sono. A abordagem não violenta de Bapuji ofereceu às pessoas uma forma construtiva e otimista de seguir em frente em situações que de outra forma pareceriam irreparáveis.

As pessoas sempre pensam que meu avô era intransigente em seus princípios e estava disposto a manter sua posição na luta por justiça, mesmo que sozinho. Mas alguns dos historiadores mais criteriosos destacaram que, acima de tudo, ele era um negociador. Entre suas maiores habilidades estavam a empatia e a compreensão da posição do oponente. Sua primeira tentativa foi negociar com o governo britânico mantendo o respeito e a calma. Mas Bapuji logo percebeu que a negociação não levaria a lugar nenhum e que precisava adotar uma abordagem diferente. A pacífica Marcha do Sal foi apenas um exemplo de como suas ações passaram para o nível seguinte. Os indianos que queriam ser livres e independentes estavam com muita raiva e muitos incidentes violentos e explosivos tiveram lugar em todo o país. Meu avô lhes ofereceu uma forma positiva de verbalizar seu descontentamento e de se empenhar por uma mudança que tornaria tudo melhor. A não violência estimula o que há de bom e esperançoso nas pessoas – no lugar da amargura e da raiva. A conduta calma e o sorriso fácil de meu avô lembraram às pessoas que buscar oportunidades pacíficas é sempre melhor do que ficar mergulhado no desespero.

Alguns anos depois da Marcha do Sal, o parlamento britânico promulgou a Lei do Governo da Índia, que foi o primeiro passo para levar autonomia aos 300 milhões de indianos. Muitos a consideraram uma grande vitória para meu avô, mas ele queria ter certeza de que sua mensagem fundamental de amor e não violência seria ouvida. Seu objetivo não era simplesmente substituir um governo por outro; seu movimento *satyagraha* ia além da política. Um jornalista da época que se opunha às posições de meu avô descreveu um encontro que tivera com alguns dos indianos que assumiriam os cargos dos funcionários ingleses. Ele os achou tão arrogantes e frios quanto as pessoas que iriam substituir. Mas descreveu a expressão de Bapuji como de "extraordinária inocência e bondade, com dois raios suaves fluindo de seus olhos". Apesar de discordar das posições dele, o jornalista ficou fascinado.

Os raios luminosos que fluíam dos olhos de Bapuji eram um reflexo do amor verdadeiro, da bondade e do entusiasmo positivo que ele colocava em tudo que fazia. Lembre-se de que a palavra *satyagraha,* que ele usava para descrever seu movimento de não violência, quer dizer "força da alma". Você tira força do entusiasmo positivo e afetuoso que coloca em suas ações. Ele nunca encarou seu movimento em termos estritamente utilitários. Meu avô queria convencer os ingleses a mudar de posição, mas também queria levar mais compreensão e uma luz positiva ao mundo.

Bapuji via que os governos e as religiões em geral governam pelo medo. A religião controla as pessoas ameaçando-as com um Deus raivoso que as condenará ao inferno se não se comportarem. Aquelas que fazem parte de um círculo religioso podem ainda ser críticas e isolar quem não aceita suas opiniões e exigências. Os governos podem usar controles mais diretos, como multas e prisões. Mesmo pais e professores, como vimos, muitas vezes recorrem ao medo e a ameaças de punição.

Bapuji acreditava que precisamos conduzir o mundo através do amor, não do medo. Ele demonstrava amor, bondade e otimismo, e as pessoas se aglomeravam para estar perto dele.

Conduza o mundo através do amor, não do medo.

Meu avô queria que as pessoas entendessem que as nuances da não violência vão muito além de simplesmente evitar a violência física. Ele vivia de acordo com os cinco pilares da não violência e queria que eu também tentasse segui-los. Então busquei viver de acordo com estes cinco fundamentos:

Respeito
Compreensão
Aceitação
Apreciação
Compaixão

Às vezes escuto as pessoas dizerem que Bapuji tinha uma visão utópica impossível de se transformar em realidade. Mas acho que é o oposto. Os princípios que ele criou são absolutamente básicos para a civilização – nós é que os ignoramos por nossa conta e risco.

Respeito. Compreensão. Aceitação.
Apreciação. Compaixão.

O respeito e a compreensão pelas outras pessoas, qualquer que seja sua religião, etnia, casta ou nação, é a única forma de o mundo poder seguir em frente. Construir muros e divisões sempre provoca efeitos indesejados, levando à raiva, às rebeliões e à violência. Por outro lado, quando respeitamos e entendemos uns aos outros, naturalmente evoluímos para o terceiro pilar, da aceitação.

A capacidade de aceitar outras visões e posições nos permite ser mais fortes e sensatos.

Os outros dois pilares da não violência – a apreciação e a compaixão – ajudam a trazer felicidade pessoal, uma sensação de realização e mais harmonia ao mundo. A apreciação tem repercussões profundas e pode fazer uma enorme diferença na vida de cada um de nós. As pessoas mais felizes não são aquelas que têm mais dinheiro, mas as que conseguem apreciar a beleza e a bondade a seu redor. É fácil encontrar razões para reclamar, criticar e apontar o que está errado. Podemos ter muito mais alegria se escolhermos procurar algo para apreciar todos os dias.

Bapuji era um mestre em apreciar o mundo que o rodeava. Ele procurava o lado bom de todo mundo. Muitas vezes, quando eu visitava a Índia, encontrava crianças e famílias que tinham muito menos do que a maioria dos americanos tem e, ainda assim, pareciam apreciar bem mais o que possuíam. Penso que embotamos nossa capacidade de apreciar o que temos ao nos afundarmos em tantas bugigangas. É como se passássemos a vida num rodízio de comida e já não conseguíssemos mais usufruir o prazer de comer uma maçã. A maioria de nós não vai adotar a simplicidade radical que Bapuji escolheu para sua vida, mas podemos usá-la como um exemplo e lembrete de que, às vezes, menos é mais. Menos bens materiais e menos distrações podem levar a mais apreciação, gratidão e felicidade genuína.

Se descobrir razões para sentir gratidão não é algo natural para você, é fácil aprender a fazer isso. Reserve alguns minutos do seu dia para apreciar um bonito pôr do sol, um botão de flor ou a risada de uma criança. Olhe para a sua vida como se estivesse de fora e pense em todas as pessoas que ficariam felizes em estar no seu lugar. Faça uma lista do que aprecia em seus familiares e amigos. Você pode guardar essa lista numa gaveta e olhar para ela nos dias em que precisar lembrar que a gratidão vem de dentro, não de fora.

Cometemos uma violência com nós mesmos quando concentramos a atenção no que está faltando em vez de apreciar as dádivas que recebemos. Você não precisa seguir uma religião específica – ou mesmo qualquer religião – para apreciar as maravilhas e os mistérios do mundo; eles estão aqui para todos nós. Ao apreciar mais as coisas, você pode mudar a sua atitude e a sua perspectiva do mundo.

Muitas vezes nos comparamos apenas com quem tem mais do que nós. Mas apreciar o que temos leva à compaixão por quem precisa de nossa ajuda. A compaixão é bem mais do que assinar um cheque para uma instituição de caridade (embora isso certamente ajude). Quando agimos com compaixão, paramos para descobrir os pontos fortes e as esperanças da outra pessoa, tentando entender o que precisamos fazer para ajudá-la a ser independente. Quando nos permitimos reagir com compaixão, reconhecemos a necessidade de amor-próprio do outro e tratamos todo mundo de forma igual.

Quando você entende os outros e os acolhe em sua vida, os pilares da não violência de Bapuji se tornam essenciais para o bem-estar e a paz de cada um de nós e do mundo como um todo. Imagine a felicidade que poderemos sentir e compartilhar quando vivermos de acordo com estes cinco pilares: respeito, compreensão, aceitação, apreciação e compaixão!

Bapuji encontrava maneiras de espalhar sua mensagem mesmo nas circunstâncias mais improváveis. Alguns anos antes de eu ir para o ashram, ele estava numa conferência em Londres que discutia o futuro da Índia. Como sempre, decidira usar a roupa de algodão fiado em casa que havia adotado como uniforme. Ele estava representando o povo indiano, cuja maioria vivia na mais absoluta miséria, e seu vestuário era um lembrete disso. Os funcionários ingleses o trataram com respeito e providenciaram acomodações elegantes para ele em Londres, com um esquema de segurança digno de um chefe de Estado. Mas Bapuji recusou.

– Eu gostaria de ficar entre os trabalhadores têxteis, de preferência na casa de algum deles – informou.

Os funcionários ingleses ficaram perplexos. Lembre-se de que a posição de Bapuji de manter o algodão indiano na Índia havia afetado a indústria têxtil inglesa. Com os indianos produzindo o próprio tecido, as empresas inglesas não podiam mais cobrar os altos preços que cobravam até então e os trabalhadores ingleses estavam zangados com meu avô porque o salário deles havia diminuído.

– Se você ficar com os trabalhadores têxteis, eles vão matá-lo – avisou um dos funcionários. – Eles estão com muita raiva e tememos pela sua segurança.

– Mais uma razão para ficar com eles, para eu poder explicar o lado do povo indiano – disse Bapuji com tranquilidade.

Com relutância, os ingleses aceitaram o pedido de Bapuji, e lá foi ele se encontrar com os trabalhadores têxteis. Ele os tratou com o respeito e a compreensão que eram sua marca registrada e descreveu a extrema pobreza que era a norma na Índia, explicando que tecer a própria roupa permitira que pessoas de alguns vilarejos saíssem do nível de miséria em que antes viviam. Ele demonstrou compaixão pela situação dos trabalhadores ingleses e lhes disse que entendia que eles também queriam sustentar suas famílias da melhor forma possível. Porém pediu que se unissem a ele na luta para que o povo indiano saísse da pobreza. Não apenas os trabalhadores ouviram meu avô com todo o respeito como ele ganhou a aceitação deles. Muitos viraram seus fãs e passaram a apoiar seus esforços.

Não é comum que pessoas zangadas mudem de opinião – muito menos que assumam uma posição que vai contra os próprios interesses. Mas, ao ouvir e entender, Bapuji conseguiu dissipar a raiva dos trabalhadores têxteis e apresentar o seu ponto de vista. Ele os ajudou a ver o que era necessário em termos globais em vez de apenas em termos pessoais.

O movimento *satyagraha* de Bapuji é, em geral, valorizado pela não violência *reativa*, quando, diante de uma injustiça, como discriminação ou preconceito, as pessoas se unem para chamar atenção para o que está errado. Elas reagem a um problema tentando transformar a situação por meio da resistência passiva ou espiritual. Além de meu avô, Martin Luther King, Nelson Mandela e muitos outros hoje em dia utilizam essa abordagem. Eles reagem à opressão ou à exploração com protestos pacíficos. Mas Bapuji também acreditava na não violência *proativa*, o que significa preparar o terreno com antecedência para as boas ações que virão. Se você plantar as sementes da compreensão e da compaixão, elas se transformarão em árvores frondosas, capazes de criar uma proteção contra as injustiças que ainda virão. Assim, Bapuji cultivou a sensibilidade e a compaixão dos trabalhadores têxteis como uma espécie de não violência proativa. Ele espalhou as sementes do entendimento. Sem isso, os trabalhadores podiam ter explodido em violência e tentado reprimir ou destruir os indianos que buscavam sair da miséria. Em vez disso passaram para o lado deles.

Meu avô se preocupava tão profundamente com suas causas e em espalhar a justiça no mundo que acabava esquecendo de ter um pouco de frivolidade e diversão de vez em quando. Felizmente, minha avó estava lá para lembrá-lo disso. Ba nunca aprendeu a ler ou a escrever, mas Bapuji respeitava sua sabedoria. Ela às vezes o desafiava sobre a vida no ashram e ele se dispunha a ouvi-la. Meu avô não achava que seus familiares deviam ser tratados de forma diferente de qualquer outra pessoa no ashram. Mas, a primeira vez que visitei o ashram, quando era bem pequeno, descobri que Ba às vezes fazia pé de moleque e o escondia para dar aos netos. Apesar de eu ser devotado a meu avô, não deixava de pegar uma guloseima aqui e ali com Ba. Ela sorria maliciosamente e me puxava para dar um doce, e nós desfrutávamos daquele momento juntos. Bapuji sabia exatamente o que ela fazia, mas nunca tentou impedi-la.

Pessoas de toda a Índia comemoravam o aniversário de Bapuji no dia 2 de outubro, mas ele se recusava a permitir quaisquer festividades no ashram. Queria ser tratado do mesmo jeito que todo mundo. Enquanto eu estava lá, um grupo de mulheres escreveu pedindo para visitar Sevagram e participar de seu almoço de aniversário. Ele respondeu que o ashram não celebraria seu aniversário e que, de todo jeito, ele não tinha dinheiro para oferecer comida a ninguém. Aparentemente, as mulheres estavam muito decididas a comemorar seu aniversário, pois apareceram por lá no dia 2 de outubro apenas para ficar perto dele. Na hora do almoço, quando todos os moradores do ashram se reuniam na varanda do refeitório, Ba notou um grupo de 10 mulheres sentadas debaixo de uma árvore próxima se preparando para almoçar a comida que elas mesmas haviam levado.

Ela se levantou e foi até elas:

– Por que vocês estão sentadas aqui e não se juntaram a nós para almoçar?

– Bapuji disse que o ashram não tem dinheiro para nos dar comida e que não haveria nada de especial no dia do aniversário dele – comentou uma das mulheres.

– Ah, o velho esquece que às vezes nós também precisamos nos divertir! – exclamou minha avó. – Em nome dele, estou convidando vocês a se juntarem a nós.

Bapuji recebia bem as opiniões de Ba. Na realidade, ele incentivava todas as mulheres a saírem da cozinha e se tornarem parceiras, de igual para igual, na luta pela liberdade da Índia.

– Enquanto 50% da população permanecer subjugada, a liberdade política não terá sentido – dizia.

O chamado à liberdade das mulheres era tão radical quanto quase tudo o que meu avô fazia. Quando ele era criança, viu a mãe, Putliba, ser forçada a esconder a própria curiosidade intelectual sob o véu da vida doméstica. O pai de Bapuji foi primeiro-ministro de uma das maiores cidades da Índia, e Putliba teria adorado participar das discussões com os líderes religiosos e políticos que regularmente iam à casa deles. Mas as mulheres na Índia dos anos 1860 eram tão invisíveis quanto crianças obedientes. Ela não podia aparecer enquanto os homens falavam, então se sentava em silêncio na sala ao lado e simplesmente escutava, na esperança de aprender alguma coisa.

Quando meu avô falava em reuniões de oração ou para grandes multidões, ele insistia para que os homens parassem de subjugar as mulheres e de tratá-las como objetos. E exortava as mulheres a não aceitarem o mito de que eram fracas ou precisavam ser protegidas. Com frequência, vítimas de opressão aumentam o próprio fardo internalizando a imagem negativa disseminada por aqueles que buscam dominá-las. Ele instava as mulheres a se libertarem dessa mentalidade limitadora e enfrentarem os homens que tentavam sujeitá-las:

– Ninguém pode libertar vocês enquanto vocês não se libertarem.

Meu avô insistia que os homens precisavam "quebrar os grilhões da tradição anacrônica e aprender a olhar as mulheres com respeito e dignidade, como parceiras de igual para igual". Embora ele se agarrasse à velha visão de que os homens são fisicamente mais fortes e as mulheres espiritualmente mais fortes, sua chamada para que as mulheres participassem plenamente da vida pública foi inacreditavelmente progressista. Muitos líderes políticos lhe diziam que brigar por igualdade para as mulheres e para os "intocáveis" era apenas uma distração e que ele devia deixar para tratar dessas questões depois que a independência da Índia fosse alcançada. Mas Bapuji manteve-se firme em sua crença de que nenhuma opressão podia ser aceita nem por um momento. A libertação das mulheres e das castas mais baixas não podia esperar.

Infelizmente, essas questões tiveram que esperar. Enquanto as mulheres da maior parte dos países ocidentais hoje têm oportunidades que minha avó e bisavó nem imaginavam, ainda existem religiões e culturas ao redor do mundo que tratam as mulheres com a mesma indiferença que Putliba teve que enfrentar. E muitas mulheres em sociedades mais abertas ainda se diminuem e não têm coragem de se libertar dos velhos estereótipos.

Bapuji estava certo: o primeiro passo da libertação tem que vir de dentro.

·LIÇÃO DEZ·

Você será testado

Os dois anos que passei com Bapuji no ashram Sevagram foram uma época crucial tanto na minha vida quanto na história mundial. Todas as forças políticas da Índia estavam entrando em ebulição. O país estava perto de se tornar independente da Grã-Bretanha, mas a esperança de Bapuji de um país unido, no qual pessoas de todas as religiões e castas pudessem viver juntas em harmonia, estava sendo desencorajada a cada momento. A ideia de um estado muçulmano separado, constituído de algumas províncias do norte da Índia, tinha surgido uma década antes. O país se chamaria Paquistão, que significa "Terra dos puros". Bapuji se opunha fervorosamente à partição.

Um dos líderes do movimento de partição era um muçulmano chamado Muhammad Ali Jinnah. Como Bapuji, ele tinha começado sua carreira como advogado em Londres, mas nunca havia aberto mão de sua postura formal (alguns diriam "arrogante"). Ele lutou intensamente contra meu avô, então muitas pessoas ficaram surpresas quando, à medida que a independência se aproximava, Bapuji propôs a Lord Mountbatten, o último vice-rei britânico da Índia, que Jinnah fosse o primeiro premiê da Índia independente. Bapuji achava que essa era a única maneira de ganhar a confiança da minoria muçulmana e preservar a unidade do país.

Se você pensar bem, essa sugestão foi espetacular. Alguns políticos dão tanta importância à permanência no poder que estão dispostos a bloquear o legislativo, dificultar as coisas e até mesmo paralisar o governo para alimentar o próprio ego e os próprios interesses. Bapuji estava disposto a dizer que o bem do país deve estar acima de todos os sentimentos e desejos pessoais.

Lord Mountbatten mais tarde disse que ficara "perplexo" com a proposta, mas que aquele não era o momento para uma ação idealista. Ele precisava avançar com um plano estável. Nehru seria o primeiro-ministro, e Jinnah, o líder do Paquistão. Bapuji se sentiu deixado de fora das complicadas negociações e se dirigiu para outra parte do país para tentar pôr fim a alguns dos sangrentos confrontos entre hindus e muçulmanos que estavam deixando cadáveres pelas ruas.

No dia 3 de junho de 1947 as negociações terminaram e o acordo foi assinado: a Índia estava livre do domínio britânico, mas agora seria dividida em dois países. A partição iminente provocou confrontos cada vez mais violentos entre os radicais hindus e muçulmanos. Em vez de comemorar antecipadamente o 15 de agosto como o Dia da Independência da Índia, meu avô estava arrasado. A grande ruptura do país já estava começando. A partição levaria à maior migração da história mundial, quando mais de 15 milhões de pessoas tentaram escapar da violência sectária.

No início de agosto, Bapuji tinha planejado visitar outras regiões do país para tentar acabar com a violência e o derramamento de sangue. A população de Calcutá e de Déli temia que os massacres religiosos se intensificassem. Eu queria ir com ele, mas dessa vez Bapuji não deixou:

– Não é lugar para jovens.

Fiquei para trás enquanto Bapuji visitava as cidades divididas por revoltas, onde os moradores temiam o que podia acontecer a eles e suas famílias após a partição. Ele ficou chocado com as explosões de raiva. Quando seu trem parou em Calcutá, as autoridades locais, com medo de a violência ficar ainda pior, lhe imploraram que ficasse até o Dia da Independência. Ele concordou, com a condição de que ele e o ministro-chefe da Liga Muçulmana, Huseyn Shaheed Suhrawardy, dormissem sob o mesmo teto.

– A adversidade cria companheiros estranhos – declarou.

Porém, em vez de ser uma piada, era uma estratégia engenhosa. Se o hindu mais famoso do mundo e o muçulmano mais renomado da região podiam oferecer essa demonstração de unidade, será que as massas nas ruas não poderiam reagir, recuando um pouco em sua violência e no derramamento de sangue? Eles foram juntos para uma casa que tinha sido saqueada e abandonada num bairro destruído pelos conflitos. Inicialmente, vovô foi cercado por multidões furiosas e achou que seria linchado. Mas suas palavras calmas com Suhrawardy ao seu lado tiveram um efeito surpreendente.

No dia 15 de agosto, em vez de mais assassinatos em Calcutá, as pessoas marcharam pelas ruas cantando: "Hindus e muçulmanos são irmãos!" Pessoas nas multidões jogavam pétalas de rosas para meu avô. Lord Mountbatten parabenizou Bapuji pelo "milagre de Calcutá" e admitiu que ele tinha criado um oásis de paz onde os militares haviam fracassado. Em meio ao tumulto e ao derramamento de sangue, foi uma importante manifestação da força da não violência.

Nesse meio-tempo, do outro lado do país, em Déli, o novo primeiro-ministro hasteou a bandeira da Índia livre pela primeira vez.

– Se alguém merece os créditos hoje, esse homem é Gandhi – afirmou Nehru para a multidão eufórica.

Nesse dia, eu estava com a minha família em Mumbai. Milhões de pessoas foram para as ruas participar de passeatas e dançar, mas, em respeito a meu avô, nenhum membro da nossa família participou.

– Não vejo razão para festejar – afirmou Bapuji.

Alguns adolescentes e crianças da família saíram para ver as luzes e ouvir o barulho da rua. Lembro que me senti dividido entre a animação que me cercava e a tristeza que vira nos olhos de Bapuji quando ele se deu conta de que seu apelo contra a partição não seria ouvido. Na pressa de assumir o poder, seus aliados o haviam abandonado. Ele via a partição como a negação de tudo o que defendia. Em sua opinião, só levaria a mais discórdia entre as pessoas e, como rapidamente estava ficando óbvio, a um massacre sem precedentes de inocentes de ambos os lados.

Nos dias seguintes, Bapuji continuou visitando várias cidades para pedir paz e sensatez. Mas nem ele foi capaz de conter as gangues, que começaram a matar novamente. Refugiados em pânico fugiam em todas as direções. Em uma cidade, a fila de pessoas tentando escapar a pé se estendia por mais de 80 quilômetros. Bapuji conseguiu chegar a Déli e manteve sua atitude calma apesar da violência que se aproximava. Algumas pessoas que estavam na própria casa de Lord Mountbatten foram assassinadas. O massacre e a revolta no país eram a prova trágica para meu avô do que acontece quando a não violência e *satyagraha* são esquecidos.

Com tanta incerteza no país, meus pais acharam que estava na hora de voltar para a África do Sul. Naquele tempo, a viagem marítima da Índia para lá levava 21 dias, às vezes mais. Só conseguimos passagem para o início de novembro, dali a quase três meses.

Papai escreveu a Bapuji contando seus planos e ele enviou sua benção a todos nós. Depois, dirigiu algumas palavras especiais a mim: "Não se esqueça do que lhe ensinei, Arun. Espero que você continue trabalhando para a paz quando crescer."

Espero que você continue trabalhando para a paz quando crescer.

Aprendi muita coisa nos dois anos que passamos juntos e fiquei um pouco mais confiante com as palavras de encorajamento dele.

Não imaginei que seriam as últimas que ele me dirigiria.

Durante os dois anos que morei com Bapuji, ele foi uma força positiva e transformadora na Índia – inspirando mudanças igualmente radicais em mim. Eu já não sentia raiva o tempo todo e, quando ficava irritado, sabia como redirecionar essa emoção para o bem. Eu podia ser uma centelha de energia positiva no mundo. Havia aprendido as nuances da não violência e, como Bapuji esperava, queria me dedicar a lutar contra o preconceito, a discriminação e todas as desigualdades que levam à violência no mundo.

A jornada para casa foi longa, mas não tão angustiante quanto a viagem de ida. Lembro que sorri ao recordar a caminhada exaustiva naquele primeiro dia, da estação ferroviária de Wardha até Sevagram. Agora eu estava partindo, ainda um adolescente com muita coisa para provar a mim mesmo e aos outros, mas nunca mais deixaria meu ego dominar meu bom senso. Eu tinha aprendido sobre humildade e também que você prova o próprio valor pelo seu coração e pelas suas ações.

Finalmente de volta à África do Sul, meus pais me contaram que agora havia uma escola para a comunidade indiana a poucos quilômetros de distância de onde morávamos, no ashram Fênix. Nunca mais precisei voltar à detestável escola de freiras nem lidar com aqueles terríveis castigos. Minha irmã Ela e eu começamos a frequentar a escola juntos e não precisávamos mais viajar 29 quilômetros até a cidade todos os dias. Tudo estava ótimo, mas ainda era estranho estar de volta à África do Sul. Eu me tornara uma pessoa completamente diferente em dois anos. A casa de meus pais no ashram Fênix era mais confortável do que a de Sevagram e a comida também era melhor, mas meu coração ficara na Índia com vovô e eu sempre pensava em voltar.

Porém esse reencontro nunca aconteceria. No dia 30 de janeiro, dois meses depois de ter me despedido de Bapuji, o impensável aconteceu.

Ela e eu estávamos voltando da escola, caminhando pela trilha lamacenta criada pelos caminhões e tratores dos fazendeiros que trabalhavam a terra. Era um dia quente e estávamos cercados pela plantação alta de cana-de-açúcar. Não estávamos longe quando Ela reclamou, dizendo que não podia dar mais um passo sequer. Com um suspiro, ela sentou no chão.

– Não vou mais andar. Você vai ter que me carregar – disse.

Antes dos ensinamentos de Bapuji, eu a teria arrastado ou ficado zangado com sua infantilidade (ela tinha seis anos a menos do que eu). Mas agora eu sabia lidar com a situação de forma respeitosa e compreensiva.

– Não vou carregar você. Então vou ter que deixá-la aqui – respondi calmamente.

Eu não ia deixá-la sozinha, então simplesmente parei. Foi aí que percebi um senhor que morava em nosso ashram caminhando rápido em nossa direção. Ele quase nunca saía do ashram, então fiquei muito surpreso ao vê-lo. Perguntei a mim mesmo para onde ele estaria indo. Demorou um pouco até eu entender que estava vindo nos buscar.

Quando chegou perto, me chamou pelo nome, num tom de urgência:

– Arun, corra para casa imediatamente. Sua mãe precisa de você. Eu levo a sua irmã.

– Já estou indo para casa. Qual é a pressa? – perguntei.

– Simplesmente vá. Corra. Não discuta. Sua mãe está precisando de você.

Entendi que algo muito sério tinha acontecido. Corri para casa e encontrei mamãe ao telefone, soluçando. Ela desligou quando entrei, mas o telefone tocou novamente. Ela atendeu, porém mal conseguia falar.

Entre soluços e telefonemas, por fim conseguiu dar a terrível notícia que tinha acabado de receber.

Meu amado avô tinha sido assassinado.

– Nós nunca mais vamos vê-lo – dizia minha mãe, chorando.

Fiquei em choque. Perguntei onde estava meu pai.

– Foi até a cidade para uma reunião hoje de manhã e não sei como entrar em contato com ele – respondeu mamãe entre soluços.

Ela continuou tentando falar comigo, mas o telefone não parava de tocar, conforme as pessoas ouviam a notícia e ligavam para compartilhar seu horror e desalento. Fiquei no meio daquela cacofonia e comecei a chorar. Todos os momentos daqueles dois anos que morei com ele passaram pela minha mente. Nós dois competindo na roda de fiar, ele balançando apoiado nos meus ombros, o carinho da mão dele na minha bochecha quando eu tentava fazê-lo rir. Não era possível que ele tivesse morrido.

– Como alguém poderia matar Bapuji? – perguntei a minha mãe.

Eu sabia que houvera muitas tentativas de assassiná-lo no passado, sempre cometidas por hindus de direita que se consideravam traídos por ele. Mas Bapuji havia sobrevivido a todas elas. Eu achava que ele fosse indestrutível.

Meu pai logo chegou em casa, pálido, contendo as lágrimas. Ele tinha terminado a reunião e ido ao mercado comprar frutas quando ouviu a terrível notícia. Alguns vendedores se ofereceram para levá-lo em casa, mas meu pai conseguiu manter a compostura e voltar sozinho. Abraçou minha mãe e depois nos incluiu no abraço.

A casa ficou cada vez mais caótica à medida que os amigos mais próximos sabiam do que tinha acontecido e iam nos ver.

– É mesmo verdade? – perguntavam.

Meu pai tentou falar com seu irmão que estava na Índia para

saber mais detalhes, mas demorou a conseguir. As telecomunicações eram primitivas onde morávamos e a ligação tinha que passar por diversas telefonistas. Quando finalmente conseguimos, a linha estava instável, mas meu pai disse que queria ir ao funeral. Meu tio falou que não dava tempo. Bapuji fora assassinado às 17h e, em poucas horas, quase 1 milhão de pessoas já tinham chegado a Déli. As autoridades temiam que, se o funeral demorasse a acontecer, metade da Índia aparecesse por lá. Haveria tumultos. Meu tio concordou então em organizar o funeral para a manhã seguinte. Nós teríamos que nos despedir a mais de 8 mil quilômetros de distância.

No dia seguinte, junto com meus pais, ouvi os rituais do funeral num rádio cheio de chiados. Descobri que vovô estava em Birla House, em Déli, no mesmo lugar onde eu tinha ficado com ele uma vez. Ele havia ido ao jardim para conduzir uma reunião de orações com o apoio das sobrinhas-netas como seu "cajado". Enquanto a multidão abria espaço para ele passar, um homem correu em sua direção, empurrou uma das mulheres ao seu lado – onde eu estaria – e atirou três vezes em Bapuji.

Muitos líderes mundiais queriam ir ao funeral, mas, como nós, não tinham condições de chegar a tempo. O papa enviou uma homenagem, assim como o presidente Harry Truman e o rei George VI. Mais de 1,5 milhão de indianos de todas as religiões, castas e cores se juntaram ao cortejo. Aproximadamente o mesmo número de pessoas assistiu a tudo de pontos elevados ao redor da cidade. A homenagem mais surpreendente talvez tenha sido a súbita interrupção da violência na Índia. Alguém a descreveu como um interruptor que tivesse sido desligado. Com a notícia de sua morte, o derramamento de sangue parou – e, de repente, o sonho de paz e unidade de Bapuji pareceu possível, afinal de contas.

Mas ouvir os comentários no rádio a milhares de quilômetros de distância não me trouxe paz alguma. Tentei visualizar o que devia estar acontecendo e o choque e a tristeza iniciais se transformaram em raiva. Estávamos ainda aglomerados ao redor do rádio quando finalmente explodi:

– Se eu estivesse em Birla House teria estrangulado o homem que atirou em Bapuji! Eu teria matado ele! – afirmei, furioso.

Meu pai secou as próprias lágrimas e olhou para mim, muito sério.

– Você já esqueceu as lições que seu avô lhe ensinou? – perguntou sem alterar a voz. Ele estava triste, mas percebi uma enorme compaixão em sua fala. Então, como Bapuji faria, meu pai me puxou para seu peito. – Ele não disse que precisamos usar a raiva com inteligência? Qual seria o melhor uso para a raiva que você está sentindo agora?

Refleti por um momento e respirei fundo.

– Trabalhar como ele trabalhou para acabar com a violência no mundo.

Meu pai concordou, assentindo com a cabeça.

– Isso mesmo. Nunca esqueça as lições dele. A melhor coisa que todos nós podemos fazer por Bapuji é continuar sua missão e dedicar nossa vida a impedir que tragédias como essa aconteçam novamente.

Meu pai sabia que eu precisava de uma válvula de escape para a raiva; a ação positiva pode muitas vezes afastar os pensamentos negativos. Decidimos planejar nossa homenagem para ajudar a nós mesmos e as legiões de pessoas de luto na África do Sul. Meu pai sugeriu que preparássemos uma edição especial em memória de vovô no *Indian Opinion*, jornal criado por Bapuji e mantido como semanário por meu pai. Chamamos as pessoas a compartilharem suas memórias e fotografias conosco e pesquisamos toda a vida de vovô. Em um mês, tínhamos uma edição comemorativa especial de 100 páginas, impressa numa prensa primitiva manual. O projeto tirou o sofrimento e a raiva da nossa mente, exigindo, em vez disso, amor e atenção cuidadosa.

Olhei com orgulho para a edição que tínhamos criado e folheei as páginas repetidas vezes pensando em vovô. Porém não conseguia parar de repassar a cena do assassinato na minha mente e de me imaginar ao lado de Bapuji. Será que eu teria detido o atirador?

– Eu queria poder matar aquele assassino agora – falei um dia a meus pais.

Minha mãe suspirou. Ela sabia o que eu estava sentindo, mas também sabia que meu avô não apreciaria esse sentimento.

– Seu avô ia querer que você perdoasse a pessoa que fez isso – disse ela com tranquilidade.

As palavras dela me pegaram de surpresa. É claro que era isso que Bapuji desejaria. Em vez de oferecer o perdão ao assassino, eu queria vingança, mesmo sabendo que meu avô diria que a vingança nunca é a solução. O desejo de vingança acaba com uma pessoa, destrói a sua paz de espírito e a deixa sempre no limite. Em vez de machucar você uma vez, o malfeitor domina a sua vida e o destrói repetidas vezes. Eu não podia deixar que isso acontecesse – ou estaria decepcionando meu avô.

Bapuji tinha me ensinado que não violência não era a mesma coisa que passividade ou covardia. É aceitável usar força limitada para desarmar agressores e proteger as pessoas que você ama. Se eu fosse um de seus "cajados" naquele dia, Bapuji teria preferido que eu houvesse derrubado seu possível assassino, e não apenas fugido. Mas eu não estava lá. E agora a questão era como reagir ao que já tinha acontecido.

– O perdão é mais viril do que o castigo – dissera Bapuji.

O perdão é mais viril do que o castigo.

Quando somos testados, não provamos nossa força com violência ou raiva, mas redirecionando nossas ações para o bem. A Índia deu a Bapuji o grande presente de uma breve paz depois de sua morte. Eu tive que oferecer a ele um presente parecido: o perdão diante de um grande mal. Uma vez Bapuji explicou que é fácil amar quem nos ama, mas a verdadeira força da não violência surge quando conseguimos amar quem nos odeia.

– Sei como é difícil seguir essa grandiosa lei do amor – disse. – Mas todas as coisas importantes e boas não são difíceis também? O amor a quem nos odeia é o mais difícil de todos. Mas mesmo essa coisa dificílima se torna fácil de realizar quando queremos fazê-lo.

Sei como é difícil seguir essa grandiosa lei do amor. Mas todas as coisas importantes e boas não são difíceis também? O amor a quem nos odeia é o mais difícil de todos. Mas mesmo essa coisa dificílima se torna fácil de realizar quando queremos fazê-lo.

Ele estava certo sobre a dificuldade de encontrar a capacidade de perdoar, mas eu sabia que precisava conseguir – tanto por ele quanto por mim mesmo. Seria minha homenagem aos dois anos que passamos juntos. Lembrei mais uma vez que vovô gostava muito de dizer: "Olho por olho, e o mundo acabará cego." Precisamos redefinir o que entendemos como justiça. Nosso objetivo depois da tragédia devia ser compreender como podemos melhorar o mundo, não provar que podemos nos afundar mais ainda em violência e vingança.

Então, desde que meu avô morreu, eu venho me dedicando a divulgar suas mensagens de perdão, esperança e não violência.

Infelizmente, as tragédias continuam. A cada assassinato sem sentido nos Estados Unidos, meu país adotivo, amigos e familiares das vítimas passam pelo mesmo tormento e sentem a mesma dor que eu senti naquele dia ao ouvir a transmissão do rádio.

Passei muitos anos me questionando sobre como devíamos

reagir a atos inconcebíveis. Em 1999, 12 estudantes e um professor foram mortos na Escola Columbine, no Colorado, no que na época foi o atentado a uma escola com o maior número de vítimas da história americana. Um amigo da região pediu que eu conversasse com os sobreviventes. Todos estavam zangados e queriam vingança. Um pouco antes do encontro, esse amigo perguntou o que eu pretendia dizer.

– Vou falar sobre o perdão e como seguir em frente com a vida – respondi.

– Se você fizer isso, eles vão expulsá-lo de lá – advertiu ele. – Estão zangados demais para ouvir isso.

Mas eu me apresentei ao grupo, falei sobre não violência e contei as lições de perdão que eu havia aprendido com meus pais e meus avós. Disse a eles que entendia a dor e a angústia porque eu tinha passado pela mesma coisa. Pedi que seguissem com a vida e tentassem preencher o coração com amor em vez de ódio, porque esse era o único caminho para uma sociedade melhor. Em vez de ser expulso do auditório, fui aplaudido de pé.

Recentemente, em 2014, fui escalado novamente para falar a uma multidão de pessoas de luto. Dessa vez foi em Ferguson, Missouri, após o assassinato de um jovem negro de 18 anos por um policial branco suscitar acusações de discriminação racial. Um grupo enorme tinha se reunido para demonstrar sua solidariedade, lendo em voz alta o nome das 110 pessoas assassinadas em Ferguson só naquele ano. Havia muita raiva na multidão e os oradores enfatizavam a necessidade de os brancos admitirem o preconceito racial que tinham, intencionalmente ou não, contra os negros.

Com tantas acusações, de repente me senti como se tivesse voltado para junto da minha mãe, ouvindo-a nos dizer quando éramos crianças:

– Quando você aponta um dedo para alguém, três dedos apontam para você.

Em vez de procurar saber o que os outros fizeram de errado, precisamos olhar para nós mesmos.

Quando foi a minha vez de falar, tentei encontrar a voz de Bapuji e propor uma válvula de escape positiva para a raiva da multidão. Eu queria ajudá-los a cicatrizar a ferida, mas também queria desafiá-los a ir além da ideia de vingança.

– O preconceito existe em cada um de nós, não importa nossa cor ou raça – falei. – A não ser que estejamos dispostos a reconhecer essa fraqueza de caráter, nunca mudaremos. Transformamos o mundo apenas quando enfrentamos os desafios com amor e bondade em vez de ódio e maldade.

Compartilhei com eles as palavras mais importantes de Bapuji: *Precisamos ser a mudança que desejamos.* Vi cabeças assentindo na multidão e murmúrios de compreensão. Fiquei comovido ao ver que aquelas pessoas angustiadas ainda conseguiam se emocionar com a poderosa mensagem de Bapuji e entender seu chamado para olharmos além dos rótulos e descobrirmos o lado bom de cada um.

A força das lições de vovô pode inspirar todos nós nos momentos bons e nos ruins. Sua luz de esperança vai continuar brilhando. Se quisermos que este mundo mude, temos que mudar a nós mesmos.

Se quisermos a paz no mundo, precisamos encontrar a paz dentro de nós.

•LIÇÃO ONZE•

Lições para hoje

O assassino de meu avô era um hindu de direita indignado com a filosofia de Bapuji de acabar com o sistema de castas e levar a igualdade a todos. Outros nos mesmos moldes continuam tentando manchar a memória de meu avô até hoje. Eles discordam de sua mensagem de que todas as religiões têm algo de bom e que precisamos reconhecer e apoiar todas as crenças.

– As religiões são diferentes caminhos convergindo para o mesmo ponto – afirmava Bapuji. – O que importa se optamos por caminhos diferentes se o objetivo é o mesmo?

Bapuji buscava as verdades fundamentais e pedia que as pessoas lessem todas as escrituras sagradas e descobrissem os pontos positivos em cada uma delas. As pessoas com pontos de vista mais estreitos querem acreditar que apenas a posição delas é a correta. Tentam se engrandecer diminuindo os outros e temem ser desafiadas e atacadas por quem oferece uma visão mais abrangente. Bapuji teria dito a elas que essa covardia não é um sinal de fé.

Por falar em meu avô, o famoso Albert Einstein disse: "As próximas gerações acharão difícil acreditar que um homem como ele um dia tenha andado sobre a Terra." O secretário de Estado dos Estados Unidos, George C. Marshall, o chamou de "porta-voz da consciência de toda a humanidade". Um comentarista disse que meu avô havia provado que a humildade e as verdades simples são mais poderosas do que os impérios. Bapuji não tinha títulos, riqueza nem um cargo oficial. Não comandava exércitos ou impérios, tampouco descobriu a teoria da relatividade, mas falou verdades que calam profundamente em nosso coração. Talvez seja essa a razão pela qual seu nome e sua imagem são tão reverenciados.

No período que passei com ele no ashram de Sevagram, Bapuji me sugeriu fazer uma lista das minhas fraquezas e dos meus maus hábitos, não para me repreender, mas para que eu soubesse em que precisava melhorar. "Você precisa conhecer seus pontos fracos", explicou, "para poder transformá-los em pontos fortes. Seu objetivo diário é ser melhor do que foi no dia anterior." Quando você começa a tentar melhorar, desencadeia o efeito bola de neve. Eu mantive essa abordagem durante toda a minha vida. Bapuji me ensinou que meu propósito é causar um impacto positivo no mundo e eu me esforço conscientemente para que minhas ações façam a diferença.

Quando me mudei para os Estados Unidos, queria divulgar a filosofia de Bapuji entre os universitários. Como não tinha PhD, as universidades não me permitiam lecionar. Mas Bapuji nunca deixaria que formalidades desse tipo o atrapalhassem – ele sempre descobriu o próprio caminho. Então criei um instituto para a não violência em nome de meu avô e comecei a realizar workshops e palestras informais. Trabalhando no nível individual para ajudar as pessoas a terem uma compreensão melhor da justiça e da resolução de conflitos, percebi como os ideais de Bapuji ainda têm muita força. Sua filosofia ajuda a construir pontes entre as pessoas.

No início dos anos 1990, a raiva com a brutalidade policial e a injustiça racial incitou revoltas em Los Angeles. Eu morava em Memphis, que sofrera um incidente semelhante e também parecia prestes a explodir. As pessoas da comunidade então me pediram para intervir e tentar acalmar os ânimos. Eu não sabia exatamente o que fazer, já que não tinha o magnetismo de meu avô nem sua capacidade de persuadir. Mas eu sabia que, toda vez que não conseguia encontrar uma resposta, ele organizava uma reunião de orações e convidava as pessoas a buscarem as respostas junto com ele.

O incidente em Memphis aconteceu numa quinta-feira, então decidi realizar um ato ecumênico no domingo. Conversei com o conselho da universidade onde ficava o instituto, mas eles alegaram que precisavam de pelo menos duas semanas para organizar um evento daquele porte. Duas semanas! Expliquei-lhes que, se a sua casa estiver queimando agora, você não pode esperar duas semanas para encontrar água.

Então reuni um pequeno grupo de colegas e ligamos pessoalmente para todas as organizações religiosas de Memphis. Convidamos cada uma delas a comparecer e oferecer uma prece de cinco minutos visando a paz e a harmonia. Não importava se elas eram importantes ou conhecidas – todas teriam os mesmos cinco minutos para falar.

Naquele domingo, mais de 600 pessoas se reuniram num campo de futebol americano que havia sido escolhido para o encontro. Acho que o fato de ter sido em um local neutro – não numa igreja, mesquita ou sinagoga – ajudou. Nenhuma tradição específica dominou o ato e todos se sentiram igualmente respeitados. Mais de 30 grupos religiosos se apresentaram para oferecer sua oração de cinco minutos pela paz. Uma inacreditável sensação de conexão, amizade e compreensão fluiu naquele dia. Pessoas que antes achavam que tinham muito pouco em comum sorriam e se abraçavam. A atmosfera espiritual permaneceu e teve um efeito calmante que durou semanas. Muitos disseram que a reunião de orações evitou que Memphis explodisse em violência.

A paz e a esperança podem brotar quando nos abrimos para os outros. Ao nos reunirmos, florescemos de formas que nunca seriam possíveis se estivéssemos sozinhos. Quando eu morava no ashram com Bapuji, ele insistia que olhássemos além de nossos parentes mais próximos e aceitássemos toda a humanidade como uma família. Da mesma maneira que você estaria disposto a fazer um sacrifício pessoal para ajudar um irmão ou irmã em apuros, você deveria estar disposto a sentir a dor de seus vizinhos e mesmo de estranhos, e a fazer sacrifícios parecidos para ajudá-los. No início, o fato de Bapuji não fazer concessões me aborreceu. Eu era seu neto – será que isso não me tornava mais especial do que qualquer outra pessoa? Só mais tarde entendi a importância da mensagem bem maior que ele queria transmitir: muitos de nós passamos todo o tempo tentando proteger a nossa pequena parte do mundo e acabamos esquecendo que todos estamos interconectados e não podemos florescer sozinhos.

Você dá a si mesmo e ao mundo um grande presente quando escolhe ter uma visão mais abrangente e enxergar os pontos em comum em vez das diferenças. Só podemos sobreviver se o resto do mundo sobreviver. Os ricos estão ficando cada vez mais ricos, e os pobres, cada vez mais pobres. Se você estiver no primeiro grupo, pode parecer que está tudo bem para você. Mas, enquanto continuarmos a sustentar essa rígida divisão entre ricos e pobres, estaremos convidando os conflitos a se repetirem outras e outras vezes. E assim machucamos nós mesmos (e o mundo) de outras formas também. Considere, por exemplo, as pessoas mais pobres da Ásia, da África e da América Latina, que não têm combustível para cozinhar, se aquecer e lavar roupa. Elas derrubam florestas inteiras em busca da madeira que lhes servirá de combustível. No processo, todos sofremos com o dano ao meio ambiente. Estamos todos conectados. Quando 20% da população mundial usam 80% dos recursos mundiais para manter o próprio nível de riqueza e 80% da população têm que viver mendigando por um meio digno de vida, a receita para o desastre está completa.

Os americanos estão cometendo um erro perigoso ao acreditar que podem proteger os próprios interesses se isolando dos outros. Achamos que o poderio militar seja o suficiente para vencer qualquer conflito, então gastamos quase 60% do orçamento com os militares e armas de destruição em massa. Construímos mais armas do que podemos usar e depois as vendemos em todo o mundo. Os Estados Unidos já demonstraram ser uma superpotência militar. Precisa agora mostrar ao mundo que pode ser uma superpotência moral. Isso significa estar disposto a fazer o que é melhor para o mundo, não apenas o que é vantajoso para o país.

Depois dos horrores do 11 de Setembro, a reação dos Estados Unidos foi bombardear o Iraque, o que basicamente levou à ampliação da violência no Oriente Médio. Quando os americanos reconheceram que o Iraque e o 11 de Setembro não tinham nenhuma relação entre si, fizemos manifestações apoiando a guerra contra os "terroristas", que já está acontecendo há alguns anos sem perspectiva de chegar ao fim. Em vez de se acalmar, o mundo parece ter se tornado ainda mais perigoso, com ataques terroristas em Paris, Bruxelas e em todo o Oriente Médio.

As pessoas sempre me perguntam: *O que Gandhi faria contra o terrorismo?* Acho que meu avô teria insistido sobre a importância de uma política de relações exteriores baseada na compaixão, não na ganância. Ele teria explicado que nossas relações com o resto do mundo são baseadas no respeito mútuo, na compreensão e na aceitação. Imediatamente depois do 11 de Setembro, ele poderia ter pedido que os americanos tentassem entender a origem do ódio e da frustração que levaram as pessoas a nos atacarem de forma tão devastadora. "Espere aí!", diriam alguns americanos. "Não fizemos nada de errado. Nós é que fomos atacados." Isso é totalmente correto, mas, se o ódio está crescendo no mundo, devíamos tentar detê-lo. Meu avô teria procurado essas nações e as pessoas zangadas nos Estados Unidos para tentar melhorar nosso relacionamento. Ele uma vez disse: "Você não pode criar a paz a partir da violência. É como tentar colher uvas de um espinheiro e figos de ervas daninhas." A humildade cura as feridas; a arrogância as agrava.

Acho que meu avô olharia com desalento para muitos dos líderes mundiais atuais, que parecem estar mais interessados em enriquecer do que em melhorar a vida das pessoas em seu país. Ele acreditava ardorosamente que quem está no poder deve usar sua posição para o bem dos cidadãos e cidadãs. Mas sabia que isso nem sempre acontece. "O poder vem do serviço honesto. Sua conquista frequentemente degrada aquele que o detém", dizia. Muitas pessoas no governo agora estão preocupadas apenas em vencer as eleições e subir na carreira. Para conseguir o que querem, estão dispostas a destilar todo tipo de ódio e preconceito. Elas não parecem incomodadas em minar o próprio governo e a democracia a que supostamente deviam servir.

Então como enfrentar os erros e as injustiças que vemos todos os dias? Em primeiro lugar, temos de *vê-los* de verdade. Lembro aquele dia na África do Sul, em 1895, quando um homem branco decidiu que não queria dividir o compartimento no trem com alguém de pele escura e fez a polícia expulsar meu avô do trem. Foi a primeira experiência de Bapuji com o preconceito ostensivo e ele ficou perplexo. Mas, quando contou aos outros indianos o que tinha acontecido, muitos simplesmente deram de ombros. Se as pessoas brancas não o queriam na primeira classe, por que ele simplesmente não se mudou para outro vagão?

– Porque é injusto – repetiu Bapuji. – Não podemos nos submeter e aceitar a injustiça.

Mas as reações apáticas também fizeram com que ele percebesse que "ninguém nos oprime mais do que nós mesmos". Paramos de perceber as injustiças que sofremos e que são infligidas aos outros. Preocupados com nossa vida cotidiana e com o desejo de seguir em frente, paramos de prestar atenção. Comportamentos que deveriam causar indignação começam a nos parecer normais.

Bapuji nos diria que todo mundo precisa acordar imediatamente para as desigualdades e injustiças do mundo. Não temos que aceitar o preconceito. Precisamos lutar em todos os níveis. Ao encorajar as pessoas a agirem, no entanto, Bapuji reconhecia que não adianta combater o ódio com ódio e a raiva com raiva. Isso apenas multiplica os próprios problemas que queremos eliminar. Ele achava que a mudança só podia vir de abordagens positivas, do amor, da compreensão, do autossacrifício e do respeito.

O trabalho do meu avô por mudanças começava com um convite ao diálogo. Quando isso falhava, ele embarcava em protestos públicos gigantescos para conquistar a solidariedade das pessoas de todos os lados da questão.

O tipo de protesto não violento que Bapuji encorajava poderia funcionar hoje em dia, mas precisamos pensar em nossos objetivos maiores e no que estamos tentando conquistar. Por exemplo, as mortes de jovens afrodescendentes pelas mãos de policiais são atrozes e devem ser condenadas. Mas os protestos que se seguiram a cada morte muitas vezes se concentraram apenas na necessidade de punir os culpados. Bapuji teria sugerido adotar uma visão mais abrangente. As pessoas realmente precisam ser responsabilizadas, mas o propósito maior da comunidade deve ser acabar com os medos e preconceitos latentes que levaram os policiais a atirar. Caso contrário, esses medos e preconceitos permanecerão intactos (mesmo que reprimidos) até a próxima ocasião, quando vão irromper mais uma vez.

Talvez a melhor abordagem seja tentar enxergar nossa parcialidade implícita e entender como até as pessoas mais bem-intencionadas podem cometer deslizes. No Instituto M. K. Gandhi para a Não Violência, um de nossos workshops sobre diversidade teve uma reviravolta inusitada. O responsável pelas atividades tinha feito máscaras a partir de fotografias de pessoas de todas as etnias. Cada um de nós recebeu uma máscara e a recomendação de colocá-la e se olhar no pequeno espelho à nossa frente. Foi surpreendente olhar através dos olhos da máscara e ver um estranho. Tivemos dois minutos para descrever a pessoa que havíamos nos tornado.

Todos que estavam no workshop eram pessoas ponderadas de classe média alta e representavam várias etnias diferentes. Estávamos confiantes de que não tínhamos preconceitos – e, um a um, fomos vendo que estávamos errados. Os estereótipos latentes logo surgiram nas descrições que fizemos. Confrontados com um rosto desconhecido, recaímos em expectativas baseadas em etnia, gênero ou idade.

Minha origem na África do Sul, onde sofri preconceito da pior espécie e entendi seus perigos, e meus anos com Bapuji me convenceram da necessidade de lutar contra o preconceito em todos os níveis. Mas naquele dia, no workshop, percebi que podia ser tão culpado quanto qualquer outro ao julgar as pessoas pela aparência.

O objetivo de Bapuji era transformar a sociedade e nos fazer ver os nossos pontos em comum em vez das nossas diferenças. Hoje muitos grupos seguem um caminho diferente e usam a ruptura como um fim em si mesmo. Estão dispostos a paralisar as comunidades para conscientizar a sociedade de que eles existem e merecem respeito e reconhecimento. Não buscam compreensão ou aceitação, mas viver como bem entendem. Tenho profunda solidariedade à situação deles e sei como essas batalhas são difíceis, mas nenhuma sociedade sobreviveu sob uma política de "dividir para governar". Um país dividido ou uma comunidade dividida acabam sendo destruídos. E hoje isso é mais verdadeiro do que nunca.

Muitos líderes gostariam de fechar as portas e fingir que o mundo além de suas fronteiras não existe ou não é importante. Porém o mundo está encolhendo e as sociedades estão se tornando cada vez mais – não menos – multiétnicas e plurirreligiosas. Bapuji viu essa mudança e entendeu que não devíamos nos esforçar para viver fechados no próprio grupo étnico e só interagir com o restante do mundo para fazer negócios ou para atividades comerciais. Em vez disso precisamos viver e trabalhar com visões compartilhadas do que é bom para todos nós.

Os Estados Unidos caíram numa espiral de políticas identitárias, em que as pessoas vivem em comunidades separadas e o sistema eleitoral encoraja essas distinções. Muitas pessoas não votam no que pensam ser bom para o país todo, mas no que percebem ser bom para o seu grupo. (Ironicamente, a pessoa ou o partido que eles acreditam que vai defender seus interesses em geral não o faz.) A verdadeira igualdade só existe quando conseguimos sair de nosso pequeno grupo e olhar para o bem maior. A verdadeira democracia garante que todos sejam não apenas iguais, mas também aceitos e respeitados.

Bapuji ressaltava que os políticos "quase sempre aplicam o truque de envolver a Verdade em um véu de mistério e dar preferência ao que é temporário e desimportante, não ao que é permanente e profundamente importante". Esse aviso deveria estar escrito em cada cabine de votação. As campanhas políticas giram em torno de problemas pessoais ou falsas promessas, deixando de lado uma visão de mundo mais abrangente e o que realmente interessa. As pessoas sofrem e os países entram em decadência por conta dessa visão limitada.

Os políticos quase sempre aplicam o truque de envolver a Verdade em um véu de mistério e dar preferência ao que é temporário e desimportante, não ao que é permanente e profundamente importante.

Por exemplo, Berlim construiu grandes memoriais do Holocausto em homenagem aos judeus que foram mortos em razão de um ódio sem sentido. Pôsteres perto da praça principal mostram como a cidade ficou devastada no final da Segunda Guerra Mundial, com cidadãos alemães de todas as religiões amontoados pelas ruas sem comida nem abrigo. Muitas pessoas inocentes, das mais variadas origens, cada uma com seus sonhos, morreram ou sofreram as consequências do ódio. Os memoriais devem nos oferecer a esperança de que aprendemos com o passado.

Mas será que mudamos de fato? Será que aprendemos as lições da destruição do passado? O ódio à diversidade nos moldes do nazismo continua a existir no mundo todo e é o problema mais perigoso que enfrentamos hoje. Vemos seus resultados mais cruéis todos os dias, no bullying nas escolas, no assédio nas ruas, nos assassinatos em massa e nas migrações globais. Mesmo depois da

Segunda Guerra Mundial, o ódio esteve por trás dos genocídios no Camboja, em Ruanda e na Bósnia. Neste momento, testemunhamos a destruição da Síria. O horror pode parecer distante, mas muita gente que perdeu tudo é como eu e você. São pessoas que querem realizar algum trabalho significativo que lhes permita alimentar suas famílias, criar seus filhos em segurança, apoiar a própria comunidade e viver em paz. Agora elas estão morando em campos de refugiados e se perguntando por que ninguém parece se importar com elas ou querer ajudá-las.

Quando reconhecemos o que temos em comum em vez do que nos separa, passamos a encarar o mundo e uns aos outros de uma perspectiva diferente. Você pode achar que um conflito atual ou uma tragédia recente não o afetam, mas quem faz parte de um grupo prestigiado hoje pode se tornar parte do grupo discriminado amanhã. Quando começamos a dividir as pessoas – por etnia, religião, nacionalidade, gênero, preferência sexual, visão política, tipo de corpo, idade, situação socioeconômica, presença de alguma deficiência, idioma, sotaque, tipo de personalidade, time preferido –, as distinções que podemos fazer são ilimitadas. No fundo, somos todos forasteiros para alguém!

O ódio e a discriminação que têm lugar longe da gente podem nos confundir. Já conversei com muitos americanos que admitem considerar as distinções entre hutus e tútsis em Ruanda, entre xiitas e sunitas no Oriente Médio e até mesmo entre muçulmanos e hindus na Índia meio misteriosas. Para um americano de origem judaico-cristã, esses pares parecem ter mais pontos em comum do que diferenças. Ainda assim, cada um deles tentou destruir seu oposto.

Menciono esse fato não para ironizar a ignorância dos americanos sobre as religiões do mundo, mas para ressaltar como essa confusão é realmente apropriada. As pessoas que costumamos discriminar são aquelas mais parecidas conosco. As lealdades que desenvolvemos em relação a nosso grupo – e o desdém que cultivamos por quem está de fora – muitas vezes não fazem o menor sentido. Psicólogos descobriram que, quando as pessoas são designadas aleatoriamente para um determinado grupo, elas imediatamente o elegem e afirmam que ele é melhor do que os outros. Isso vale independentemente de quão desimportante seja a distinção. Dê a algumas pessoas uma camiseta vermelha e a outras, uma camiseta azul e veja as alianças se formando. Experimentos já demonstraram que as pessoas de camiseta vermelha serão mais legais e solidárias com seus colegas de camiseta vermelha do que com os de camiseta azul (e vice-versa, é claro). Temos uma tendência maior a ajudar e cooperar com as pessoas que consideramos "nós" do que com aquelas que consideramos "eles".

Atualmente os psicólogos estão pesquisando as fontes desse "favoritismo pelo grupo". Alguns pensam que nosso cérebro foi programado para preferir o grupo onde nos encontramos. Mas também ensinamos aos nossos filhos determinadas expectativas e normas culturais – e certamente um sistema educacional que encoraje a inclusão em vez da divisão pode começar a fazer a diferença. A igualdade e a abertura que aprendi com Bapuji continuaram sendo uma parte importante da minha vida ao longo de todas essas décadas – e permanecerão assim. Podemos tentar ensinar essas lições a nossos filhos, sejam quais forem as influências externas a puxá-los na direção contrária.

Muitos dos problemas que nos dividem e nos destroem não podem ser resolvidos pela legislação, mas apenas pela nossa boa vontade de abrir nosso coração e nossa mente para entendermos e respeitarmos uns aos outros. Se estivesse vivo em 1964, meu avô teria aberto um grande sorriso quando o presidente Lyndon Johnson assinou a Lei dos Direitos Civis, dando direitos iguais às pessoas, independentemente de raça, religião, sexo ou país de origem. Ele ficaria igualmente satisfeito pela legislação que se seguiu, quatro anos depois, prometendo moradia decente para todos. Mas seria prudente, pois saberia que eram apenas o início. Ele não teria ficado surpreso com o fato de hoje, 50 anos depois, a desigualdade ainda existir.

As pessoas precisam acreditar que a mudança é possível. Cinco anos após a Lei dos Direitos Civis de 1968 entrar em vigor, o Ministério da Justiça entrou com uma ação contra uma empresa imobiliária em Nova York que estaria discriminando possíveis locatários e se recusando a alugar imóveis para afrodescendentes. O presidente dessa imobiliária era Donald Trump. A legislação não acabou com a discriminação e, muitos anos depois, os eleitores não parecem se importar com isso. Hoje ele é o presidente dos Estados Unidos.

A legislação dos direitos civis fez a América avançar até a metade do caminho – mas paramos por aí. A outra metade do caminho precisa ser percorrida por exames de consciência, pelo esclarecimento e pela educação. O mesmo pode ser dito sobre a legislação que trata dos direitos das mulheres e dos homossexuais. Mudar as leis para proteger os indivíduos é essencial, mas a verdadeira mudança só acontece quando todos percebem o mal que o preconceito causa, admitem os erros que cometeram no passado e acolhem as pessoas em vez de marginalizá-las.

Bapuji sempre dizia que uma sociedade não pode ser avaliada por um critério material, mas apenas pela profundidade de seu amor e respeito por todos. Muitas vezes usava a palavra em sânscrito *sarvodaya*, que significa "bem-estar de todos". Ele acreditava que *todo mundo* tinha direito a uma vida decente, à felicidade e a estar livre de privações. Todos somos – ao menos parcialmente – motivados pelos nossos interesses, e ele compreendia isso. Mas, em vez de se concentrarem exclusivamente em si mesmas, todas as pessoas se sentiriam melhor e mais merecedoras se olhassem além dos próprios desejos e necessidades. Bapuji usava a palavra *svaraj* para descrever a liberdade que todos merecem – e que precisamos ajudar os outros a alcançar. Referia-se a ela como mais do que simplesmente a liberdade política; ele ansiava por "*svaraj* para os milhões de famintos físicos e espirituais".

Bapuji tinha um teste muito simples para decidir se uma ação era correta ou não. Dizia que, sempre que você estivesse em dúvida, devia "se lembrar do rosto da pessoa mais pobre e frágil que já tivesse visto e perguntar a si mesmo se o passo que estava considerando tomar seria de alguma utilidade para ele ou ela". Essa ação ajudaria a pessoa a ganhar maior controle sobre a própria vida ou *svaraj*? Se a resposta for sim, dizia, "você perceberá que suas dúvidas e você mesmo vão desaparecer".

O que quer que esteja acontecendo na política ou no mundo de maneira geral, ainda podemos ter alguma influência. Toda vez que vou à Índia, a extensão da pobreza me deixa profundamente abalado – e em seguida fico igualmente emocionado ao ver a determinação de algumas pessoas em mudar vidas e ajudar os mais necessitados.

Ela Bhatt, uma mulher que conheci há muitos anos, começou providenciando acordos de microcrédito para mulheres iniciarem pequenos negócios, como a venda de frutas e verduras frescas. Ao longo dos anos, o programa atendeu mais de 9 milhões de mulheres de todas as partes da Índia. Depois de um tempo, algumas dessas empreendedoras disseram à Sra. Bhatt que não estavam satisfeitas em depender de bancos comerciais para os microempréstimos e queriam começar a própria cooperativa. Ela explicou calmamente que aquilo seria muito difícil. A maioria das mulheres era analfabeta e não sabia sequer assinar o próprio nome. "Queremos aprender", elas responderam.

Então, reunindo as mulheres na sala de estar de casa, ela deu uma aula improvisada que durou a noite toda. Na manhã seguinte, juntou os formulários necessários e viu, com orgulho, cada uma das mulheres assinar o próprio nome nos documentos da cooperativa. Elas batizaram o grupo de Organização das Mulheres Autônomas (Self-Employed Women's Organization) e logo lançaram o Banco da Cooperativa SEWA, que desde então cresceu e se tornou uma instituição de sucesso que ajuda mulheres pobres a conquistar maior independência.

Quando o banco começou, em 1974, cerca de 4 mil mulheres se associaram, pagando menos de um dólar para comprar uma ação. Hoje existem cerca de 10 mil depositantes ativos e, além de oferecer poupança e crédito, o SEWA disponibiliza serviços como assistência médica e legal.

As irmãs Indira e Pushpika Freitas, que moram nas redondezas de Chicago, criaram um programa de design de tecidos e moda. Elas enviam os projetos para Mumbai, onde moradoras de favelas aprendem a costurar, a trabalhar com estamparia e a fazer *tie-dye*. Elas criam roupas lindas que depois são vendidas por meio de um catálogo – 80% dos lucros voltam para as indianas. Esse programa cresceu muito e agora apoia projetos de atenção à criança e à saúde da mulher. Essas mulheres estão saindo das terríveis condições da miséria. Conheço as irmãs Freitas há muito tempo e seus pais também são devotados e socialmente engajados. Mesmo num mundo difícil, podemos ensinar aos nossos filhos o que é importante e observar com orgulho enquanto eles crescem e fazem a diferença.

Criar conexões com pessoas diferentes de nós é fundamental para superarmos o preconceito e reconhecermos o que temos em comum com elas. Admiro organizações como o Instituto para a Educação Internacional (*Institute for International Education*), que administra, entre outros programas, bolsas para pessoas de todo o mundo estudarem em outros países. Enquanto alguns programas, tais como as bolsas de estudos Fulbright, são voltados para quem já tem experiência profissional, o IIE também estimula os universitários a estudar em outros países e, assim, ganhar uma visão mais abrangente. Allan Goodman, o renomado professor que dirige o IIE, vê as implicações mais amplas da educação. No meio da crise síria, ele estava determinado a ajudar as centenas de milhares de estudantes do país a continuarem os estudos.

– Se não chegarmos até eles, o Estado Islâmico vai chegar – advertiu.

O Dr. Goodman tem uma compreensão profunda das conexões entre a não violência e a educação. Pessoas que tentam mudar o mundo com armas e ódio vão acabar conseguindo destruí-lo. Por outro lado, aqueles que buscam a mudança por meio da educação e da compreensão nos oferecem esperança.

O Dr. Goodman também criou programas no IIE para estimular universitários a passarem um semestre no exterior; outras organizações oferecem programas para estudantes de ensino médio experimentarem a vida em outro país. Muitas vezes eles moram com uma família e frequentam a escola local. Quem vive esse tipo de experiência internacional costuma descrevê-la décadas depois como algo transformador. Afinal, o estudante vive o cotidiano de uma família que tem costumes, tradições e perspectivas diferentes da sua. Ao se sentar para jantar todas as noites e passar feriados junto com a nova família, esse estudante se sente parte de um mundo maior. Anos depois, quando ele ouvir os políticos falando impropérios sobre os perigos de imigrantes ou estrangeiros, terá uma perspectiva diferente, muito mais ampla e sensata. Em vez de ter medo "daquelas pessoas", ele se lembrará com carinho do pai do ano de intercâmbio preparando o jantar ou da irmã com quem passeou olhando as estrelas.

Uma mulher que mora em Manhattan me contou uma experiência que teve poucos anos depois do 11 de Setembro, quando Nova York ainda estava se recuperando dos ataques. Um dos prazeres locais são os vendedores ambulantes, com suas carrocinhas licenciadas até nos bairros mais chiques, dando um ar de cidade pequena àquela megalópole. Ela trabalhava num arranha-céu brilhante e parava todas as manhãs num vendedor de frutas do outro lado da rua para comprar uma banana. Durante muitos meses ela admirou como ele trabalhava duro – acordando antes de amanhecer para comprar frutas frescas no mercado e depois ficando ao relento com sua carrocinha noite adentro, mesmo nos dias mais frios e mais quentes.

– Tenho dois filhos pequenos e quero que eles tenham uma oportunidade na vida – disse o homem, explicando por que trabalhava tanto.

Eles conversavam com frequência e ela passou a aproveitar seu espírito de motivação para começar bem o dia. Uma manhã ele disse que o esforço tinha valido a pena e que ficaria afastado durante alguns meses, pois viajaria para casa levando dinheiro para sua família.

– Onde é sua casa? – perguntou ela.

– Afeganistão.

Ela deu um salto, como se tivesse se queimado, e olhou para o homem, surpresa. Ele tinha um sotaque forte e a pele morena, mas, com sua gentileza e seu bom humor, ela nunca pensara nele como o inimigo. Logo ela entendeu que ele de fato não era. Ao olhar para o sorriso dele e sentir seu entusiasmo em rever a esposa e os filhos, ela percebeu que ele era apenas um homem como outro qualquer que por acaso vivia num país perigoso. Num impulso, ela o abraçou.

– Diga a sua família que nós lhes desejamos saúde e felicidade! – exclamou.

Bapuji sempre dizia que "um grama de ação vale mais do que uma tonelada de ensinamentos". Podemos *falar* sobre entender uns aos outros e acabar com o preconceito, mas falar não significa muita coisa até que *façamos* algo para que isso aconteça – o que pode significar estudar em outro país ou reconhecer a humanidade numa pessoa que não se parece com você (e lhe dar um abraço). A maior parte das pessoas quer a chance de uma vida melhor para si e para seus familiares, assim como a oportunidade de estar em igualdade de condições com os outros no mundo. Agir é a melhor maneira de mudar o próprio coração e influenciar outras pessoas. Como Bapuji dizia: "A prática é o melhor discurso e a melhor propaganda."

Quando Bapuji falava da não violência, ele queria dizer bem mais do que baixar as armas. Seu maior objetivo era resolver os problemas mais importantes de um país e inspirar o respeito a todos. Como pude aprender procurando aquele toco de lápis à noite nos arredores do ashram, a verdadeira não violência tem um significado mais amplo. Ela nos faz entender as repercussões negativas do desperdício e do materialismo e os valores positivos de tratar todo mundo com dignidade. Prestar atenção num único pedaço da filosofia – a ausência de agressão física – pode reduzir o conceito de não violência a uma paródia de si mesmo. Aqueles que participaram da intifada na Palestina se consideram não violentos porque, apesar de terem lançado pedras nos israelenses, não usaram armas. Um grupo chamado Ruckus Society, de Berkeley, na Califórnia, alega ser não violento porque não fere pessoas diretamente, embora não hesite em destruir objetos e quebrar vitrines de lojas. Esse tipo de comportamento atrai publicidade, mas não solidariedade nem compreensão. Não é possível alcançar uma transformação no indivíduo ou na sociedade com bastões de beisebol.

Nosso mundo tem uma longa história de violência, guerras e ataques de um grupo a outro. Milhões de vidas foram perdidas para a violência e muitas outras sofreram com as indignidades que nascem do preconceito e do ódio. Muitas pessoas ao longo da história tiveram negado seu direito a uma vida boa e em paz. Podemos olhar em retrospectiva episódios como o apartheid na África do Sul e entender quão errado e destrutivo ele era. Ainda assim, encontramos desculpas para nosso comportamento igualmente preconceituoso no dia a dia.

Quando fico frustrado com a relutância das pessoas em verem o evidente caráter destrutivo das próprias ações, respiro fundo e me lembro do sorriso tranquilo de Bapuji. Ele sabia que a mudança não ocorre de uma hora para outra. A luta pela liberdade, pela igualdade e pela paz pode ser longa e cansativa. Para Bapuji, lutar por um ideal significou ir várias vezes para a cadeia e ver sua esposa e seu melhor amigo morrerem na prisão.

Mas acho que agora ele diria a todos nós que sua luta valeu a pena e que a nossa também vai valer. Uma abordagem não violenta exige tempo e paciência para provocar mudanças. Bapuji é um lembrete de que a luta – não violenta – pela igualdade e pela dignidade de todos sempre vale a pena.

•EPÍLOGO•

A maior alegria

As lembranças felizes de meu avô estavam vivas na minha mente em 2015, no dia em que uma estátua sua de bronze de 2,75 metros foi instalada na praça do Parlamento em Londres. Todos os grandes líderes representados nessa famosa praça deram contribuições importantes à política britânica e aos interesses do mundo.

Se Bapuji estivesse lá, teria feito uma piada sobre a estátua ser tão maior do que ele. E teria notado a ironia de sua estátua estar perto da de Winston Churchill, que se opunha à independência da Índia e desprezava meu avô. Mas Bapuji teria muito orgulho de, entre todas as estátuas de líderes brancos na praça do Parlamento, as dele e de Nelson Mandela serem símbolos de quanto a Inglaterra avançou desde a época de Churchill.

Quando o primeiro-ministro David Cameron descerrou a estátua, descreveu meu avô como "uma das figuras mais eminentes" da história política. Ele certamente foi eminente em suas ideias, virtudes e liderança, mas entendia que, no coração, todos somos iguais. Não por acaso a estátua está mais próxima do chão do que qualquer outra, porque meu avô sempre se considerou uma pessoa do povo.

Bapuji nunca se viu como uma pessoa perfeita – muito menos um santo. Ele conhecia as próprias fraquezas e constantemente tentava melhorar. Reconhecia que todas as pessoas que reverenciamos hoje – sejam elas ícones religiosos ou líderes políticos – eram pessoas comuns, com sentimentos comuns. Nenhuma delas nasceu santa. Elas se esforçaram muito pela superação.

Então fico triste quando vejo como a reputação de Bapuji vem sendo distorcida e suas palavras, mal interpretadas em algumas partes do mundo. Na Universidade de Gana, um protesto realizado por alguns estudantes acabou fazendo com que uma estátua de meu avô instalada recentemente fosse retirada. Bapuji não viveu e morreu para ser homenageado por estátuas, então não teria dado a menor importância a isso, mas teria gostado de conversar com os estudantes que alegavam que ele era racista e, portanto, não mereceria tal honraria. Como prova, eles destacam que, quando ele era jovem, usava a palavra *kaffir*, agora considerada um termo depreciativo, para descrever os negros sul-africanos. Acho que ele lhes teria dito que a afirmação era correta – de fato, ele usara essa palavra porque não tinha noção e seguia as normas vigentes. Mas que, logo que entendeu que a palavra era um insulto, parou de usá-la.

Ele talvez tivesse lembrado aos estudantes que não nascemos perfeitos e que a única saída é aprender e tentar ser uma pessoa melhor. Os estudantes alegaram que Bapuji lutou com muito mais empenho pelos direitos dos indianos na África do Sul do que pelos negros nativos e que eles preferiam ter memoriais para pessoas importantes da mesma origem que eles. Como resposta, ele diria: "O meu patriotismo não é exclusivista... Em todos os casos ele é, sem exceções, consistente com o bem maior da humanidade em geral." Muitos dos principais líderes africanos entendem que a filosofia de Bapuji abrangia todas as pessoas. Alguns, como Desmond Tutu e Nelson Mandela, o citaram como uma grande inspiração e um modelo para as próprias campanhas pela liberdade. E, entre os americanos afrodescendentes, Martin Luther King elogiava meu avô e seguiu seu exemplo de não violência.

Por causa da controvérsia na universidade, funcionários do governo de Gana decidiram mudar a estátua de lugar para garantir sua integridade. Eles a consideram um símbolo da amizade de seu país com a Índia e pediram às pessoas que reconhecessem o papel de meu avô "como uma das personalidades mais notáveis do século passado".

Outras personalidades relevantes da história tiveram suas vidas e ações reexaminadas de maneira parecida e não é raro encontrarmos falhas num herói admirado. Nosso erro é tentar transformar as pessoas em santos. Todos somos produtos do nosso tempo, da política e das expectativas do dia. Homens sábios como Bapuji tentam ter uma visão mais ampla e enxergar as próprias ações no fluxo do passado, do presente e do futuro.

À medida que se reflete sobre o curso da história, é fácil se sentir insignificante e imaginar que influência se poderia ter. Ao longo deste livro, contei histórias de pessoas cujo trabalho trouxe um impacto importante para comunidades grandes e pequenas porque acho que cada um de nós pode fazer a diferença na vida de quem está ao nosso redor. Basta você se importar o suficiente para tentar. Qualquer um que tenha conhecido meu avô quando jovem não teria previsto que ele influenciaria tanta gente e que se tornaria o grande Mahatma Gandhi. Ele era magro e baixinho, não um líder carismático ou poderoso. Mesmo em sua estátua na praça do Parlamento, está vestido com sua costumeira indumentária indiana. Seja na vida real ou em pedra, Bapuji é um lembrete de que o que realmente importa é a força das suas crenças e sua determinação em torná-las realidade.

Quando eu estava no ashram, vovô se mostrava sempre aberto a conversar sobre suas próprias fragilidades e seus defeitos, e me contava de boa vontade suas desventuras da juventude. Uma de suas maiores ambições na vida era eliminar as distinções entre as pessoas e reconhecer a nossa interdependência. Quando comandou a Unidade Indiana de Ambulâncias na Guerra dos Bôeres, ele arriscou a própria vida para carregar os feridos mais graves para os hospitais de campanha, inclusive os zulus que estavam sendo massacrados pelos ingleses. Se não fosse por ele e pelos voluntários indianos que também se apresentaram, o número de mortos entre os zulus teria sido muito maior.

As escrituras de quase todas as religiões defendem a compaixão, o amor e o respeito mútuo. Quem não é religioso também entende que esses conceitos são fundamentais para qualquer interação humana. Ainda assim, todos nós às vezes esquecemos esses princípios e acreditamos apenas no que nos é conveniente. A verdadeira grandeza nasce quando conseguimos enxergar a humanidade que compartilhamos e tentamos nos fortalecer mutuamente em vez de nos destruir.

Todos queremos ser felizes e ocasionalmente achamos que vamos alcançar a felicidade por meio de bens materiais, acumulando mais e mais coisas às custas dos outros. Mas a felicidade vem de uma fonte muito mais profunda. Vem da luta pela paz e pela justiça para todos. Bapuji demonstrava uma tranquilidade profunda e um contentamento que todos sonham possuir. Ele não ganhou todas as batalhas nem conseguiu reconstruir o mundo de acordo com a imagem que tinha em mente, mas permaneceu totalmente comprometido com o objetivo de se tornar uma pessoa melhor todos os dias. "A alegria reside na luta, na tentativa, no sofrimento envolvido, não na vitória propriamente dita."

A alegria reside na luta, na tentativa, no sofrimento envolvido, não na vitória propriamente dita.

Todo mundo pode continuar a luta de Bapuji por paz e justiça e se manter firme no poder da não violência. Eu acredito sinceramente que, ao seguir o exemplo de meu avô, cada um de nós pode encontrar a maior alegria que nos foi concedida na Terra.

• AGRADECIMENTOS •

Com certeza foi preciso mais do que um vilarejo para me criar, então devo expressar minha gratidão a todos, começando com meus avós e meus pais por terem me mostrado o valor do amor, da compaixão e da compreensão. A minhas duas irmãs, Sita e Ela, que foram grandes companheiras e me mantiveram protegidas entre elas. A minha falecida esposa, Sunanda, por ter me dado dois filhos maravilhosos – Archana e Tushar – e a oportunidade de colocar em prática algumas das lições que aprendi. A meus netos, Dr. Paritosh Prasad, Anish Prasad, Vivan Gandhi e, minha única princesa, Kasturi, que me fazem ter orgulho por saber que os princípios da não violência foram transmitidos a eles com sucesso.

É claro que sem meus agentes, Albert Lee e Jennifer Gates, eu não estaria escrevendo estes agradecimentos. Eles me surpreenderam muito ao ver o potencial deste livro. O papel desempenhado pelo meu editor, Mitchell Ivers, merece muito mais que um simples obrigado. Eu nunca serei capaz de lhe pagar a dívida de gratidão. Obrigado a Kevin O'Leary por me ajudar a construir o alicerce sobre o qual este livro se sustenta. E a Janice Kaplan: eu nunca poderia ter feito isto sem você. Você me ajudou a encontrar a minha voz na página e, juntos, estamos plantando sementes de paz no mundo.

Um obrigado bem grande a todo mundo na Aevitas Creative Management – meus agentes literários – e à Jeter Publishing, uma divisão da Simon and Schuster, por toda a assistência na hora de transformar o sonho em realidade.

Este foi um ato de amor e compaixão, e espero que estas mensagens transformem a vida dos leitores como transformaram a minha.

CONHEÇA ALGUNS DESTAQUES DE NOSSO CATÁLOGO

- Augusto Cury: Você é insubstituível (2,8 milhões de livros vendidos), Nunca desista de seus sonhos (2,7 milhões de livros vendidos) e O médico da emoção
- Dale Carnegie: Como fazer amigos e influenciar pessoas (16 milhões de livros vendidos) e Como evitar preocupações e começar a viver
- Brené Brown: A coragem de ser imperfeito – Como aceitar a própria vulnerabilidade e vencer a vergonha (900 mil livros vendidos)
- T. Harv Eker: Os segredos da mente milionária (3 milhões de livros vendidos)
- Gustavo Cerbasi: Casais inteligentes enriquecem juntos (1,2 milhão de livros vendidos) e Como organizar sua vida financeira
- Greg McKeown: Essencialismo – A disciplinada busca por menos (700 mil livros vendidos) e Sem esforço – Torne mais fácil o que é mais importante
- Haemin Sunim: As coisas que você só vê quando desacelera (700 mil livros vendidos) e Amor pelas coisas imperfeitas
- Ana Claudia Quintana Arantes: A morte é um dia que vale a pena viver (650 mil livros vendidos) e Pra vida toda valer a pena viver
- Ichiro Kishimi e Fumitake Koga: A coragem de não agradar – Como se libertar da opinião dos outros (350 mil livros vendidos)
- Simon Sinek: Comece pelo porquê (350 mil livros vendidos) e O jogo infinito
- Robert B. Cialdini: As armas da persuasão (500 mil livros vendidos)
- Eckhart Tolle: O poder do agora (1,2 milhão de livros vendidos)
- Edith Eva Eger: A bailarina de Auschwitz (600 mil livros vendidos)
- Cristina Núñez Pereira e Rafael R. Valcárcel: Emocionário – Um guia lúdico para lidar com as emoções (800 mil livros vendidos)
- Nizan Guanaes e Arthur Guerra: Você aguenta ser feliz? – Como cuidar da saúde mental e física para ter qualidade de vida
- Suhas Kshirsagar: Mude seus horários, mude sua vida – Como usar o relógio biológico para perder peso, reduzir o estresse e ter mais saúde e energia